Morte e ressurreição de Jesus

Coleção Quem dizem que sou?

- *A descoberta do Jesus histórico –*
  André L. Chevitarese e Gabriele Cornelli (orgs.)
- *Morte e ressurreição de Jesus: reconstrução e hermenêutica.*
  Um debate com John Dominic Crossan –
  Paulo Augusto de Souza Nogueira e Jonas Machado (orgs.)

Paulo Augusto de Souza Nogueira
Jonas Machado
(orgs.)

Morte e ressurreição de Jesus

Reconstrução e hermenêutica.
Um debate com John Dominic Crossan

(Incluindo uma crítica de Crossan ao filme
A Paixão de Cristo, de Mel Gibson)

Dados Internacionais de Catalogação na Publicação (CIP)
(Câmara Brasileira do Livro, SP, Brasil)

Morte e ressurreição de Jesus : reconstrução e hermenêutica : um debate com John Dominic Crossan / Paulo Augusto de Souza Nogueira, Jonas Machado, (organizadores). – São Paulo : Paulinas, 2009. — (Coleção quem dizem que sou?)

"Incluindo uma crítica de Crossan ao filme A paixão de Cristo, de Mel Gibson".
Vários autores
Bibliografia
ISBN 978-85-356-2510-3

1. Crossan, John Dominic – Crítica e interpretação   2. Gibson, Mel. A Paixão de Cristo (Filme cinematográfico – Crítica e interpretação   3. Jesus Cristo – Historicidade   4. Jesus Cristo – Pessoa e missão   5. Jesus Cristo – Ressurreição   I. Nogueira, Paulo Augusto de Souza.   II. Machado, Jonas.   III. Série.

09-08339   CDD-232.5

Índice para catálogo sistemático:
1. Jesus Cristo : Morte e ressurreição : Cristologia   232.5

1ª edição – 2009
1ª reimpressão – 2018

Direção-geral: *Flávia Reginatto*
Conselho Editorial: *Dr. Afonso M. L. Soares*
Dr. Antonio Francisco Lelo
Luzia M. de Oliveira Sena
Dra. Maria Alexandre de Oliveira
Dr. Matthias Grenzer
Dra. Vera Ivanise Bombonatto
Editores responsáveis: *Vera Ivanise Bombonatto e*
Afonso M. L. Soares
Copidesque: *Cirano Dias Pelin*
Coordenação de revisão: *Marina Mendonça*
Revisão: *Ruth Mitzuie Kluska*
Direção de arte: *Irma Cipriani*
Gerente de produção: *Felício Calegaro Neto*
Projeto gráfico: *Telma Custódio*

Nenhuma parte desta obra poderá ser reproduzida ou transmitida por qualquer forma e/ou quaisquer meios (eletrônico ou mecânico, incluindo fotocópia e gravação) ou arquivada em qualquer sistema ou banco de dados sem permissão escrita da Editora. Direitos reservados.

Paulinas
Rua Dona Inácia Uchoa, 62
04110-020 – São Paulo – SP (Brasil)
Tel.: (11) 2125-3500
http://www.paulinas.org.br – editora@paulinas.com.br
Telemarketing e SAC: 0800-7010081
© Pia Sociedade Filhas de São Paulo – São Paulo, 2009

SUMÁRIO

Introdução
Os organizadores 7

A morte do Jesus histórico
John Dominic Crossan 13

A ressurreição do Jesus histórico
John Dominic Crossan 27

Hino a um Deus selvagem (Sobre o filme de Mel Gibson,
A Paixão de Cristo)
John Dominic Crossan 45

A vítima maldita: a perigosa inversão que fez da cruz a
"árvore da vida"
Luigi Schiavo 67

Comentários ao texto "A morte do Jesus histórico",
de John Dominic Crossan
Pedro Paulo A. Funari 87

Da morte histórica de Jesus à denúncia teológica do imperialismo
Pedro Lima Vasconcellos 93

O Jesus histórico na hermenêutica de
John Dominic Crossan e as pesquisas de religião
Jonas Machado 103

A ressurreição do Jesus histórico. Modo e significado
Elizangela A. Soares 117

A derrota da morte. Um estudo de 1Cor 15,50-57
José Adriano Filho 127

Resposta a John Dominic Crossan: ressurreição
Archibald Mulford Woodruff 145

Um diálogo de vida e morte: discernindo o exegeta
e o teólogo em John Dominic Crossan
Afonso Maria Ligorio Soares 151

A tortura do mito: dos detalhes à perda de sentido
Paulo Augusto de Souza Nogueira 165

Introdução

A pesquisa do Jesus histórico: entre historiografia e hermenêutica. Um discurso sobre possibilidades e sentidos

Falar sobre a vida, morte e ressurreição de Jesus de Nazaré é levantar um tema que tem escandalizado, mas também encantado, repercutido, a ponto de se tornar parte do repertório imaginário do Ocidente. A razão principal – quase desnecessário dizer – é que toda a nossa cultura ocidental, de alguma forma, se estruturou em torno de narrativas sobre este personagem judeu do primeiro século, a despeito de quantas interpretações e atualizações ele receba hoje. Por isso, independente das opiniões que alguém possa ter, ou do quanto as opiniões resultantes se distanciaram ao longo do tempo de quem foi, de fato, Jesus de Nazaré, essa figura envolta em muitos mitos é um referencial de vida para muitos e fonte de pesquisas sobre as origens para outros tantos.

O debate específico sobre o "Jesus histórico", como se convencionou chamar, tem suas raízes na Modernidade com Hermann Samuel Reimarus, no século XVIII, as quais se ramificaram posteriormente através de pesquisadores como Strauss, Bauer, Renan e vários outros que escreveram sobre a "Vida de Jesus".

Embora todas estas "Vidas de Jesus" tenham sido vistas com otimismo como "pesquisa histórica", foi Albert Schweitzer quem frustrou sua expectativa de resultados positivos quando, de modo decisivo e influente, apresentou a acusação de que as tais "Vidas" não passavam de um Jesus feito à imagem de seus estudiosos modernos do século XVIII e XIX.

Schweitzer entendia que o máximo que podemos saber do Jesus histórico é que teria sido um profeta apocalíptico que pensou ser aquele que inauguraria o Reino de Deus na terra, mas que morreu frustrado e condenado na cruz. Não é difícil perceber porque Schweitzer disse que o Jesus histórico não interessa à fé e à religião. Ele mesmo optou por uma espécie de "força espiritual que jorra de Jesus" que via fluindo em seu tempo como sólido fundamento para o Cristianismo.

O impacto da conclusão de Schweitzer pode ser percebido naquele que ficou conhecido como o período da "Não Busca", liderado por Rudolf Bultmann. Este período abrange quase cinquenta anos após Schweitzer, que publicou seu livro *A busca do Jesus histórico* ainda no início do século XX. Bultmann estava interessado em desmitologizar a pregação da Igreja primitiva a respeito de Jesus conforme consta nos Evangelhos, considerando que esse "Jesus querigmático" ou "mitificado" era o único realmente disponível para a pesquisa.

Foi somente em 1954 que um aluno de Bultmann, Ernst Käsemann, propôs outra busca mais otimista a partir do "critério de diferença", que procurou descartar o que seria próprio do Judaísmo e do Cristianismo primitivo para chegar ao Jesus da História. Embora esta nova investida tenha tido seu apogeu, experimentou rápido declínio porque ficou a impressão de que ela não dava conta de acrescentar algo mais relevante diante das conclusões de Schweitzer.

Nesta nossa era pós-Holocausto, os interesses se voltaram para Jesus como judeu. Entrementes, aquela pessoa que se vê boquiaberta diante do óbvio precisa se inteirar de que essa busca do Jesus judeu, além de ter o "calor" do período que sucedeu o Holocausto, procura reconstruir Jesus como judeu levando em conta a diversidade judaica do primeiro século. Tal reconstrução conta agora com o reforço de estudos mais maduros das fontes não canônicas, como os pseudepígrafos e os *Manuscritos do Mar Morto*. No lugar do "Judaísmo monolítico" do primeiro século assumido por muitos até pouco tempo, hoje se sabe que o Judaísmo de então era muito mais diverso do que se imaginava, incluindo o Judaísmo palestinense. Nesse quesito o horizonte da pesquisa sobre Jesus de Nazaré parece inesgotável.

Apesar do nome crítico "Pesquisa do Jesus histórico", imaginamos ser pertinente a pergunta sobre como o conceito de história da pesquisa sobre Jesus de Nazaré dialogou com as novas historiografias, em especial aquelas que chamamos de História nova, em especial a nova História cultural. Parece anacrônico que os pesquisadores do *Jesus Seminar* ainda votem pela historicidade (no sentido de "o que ocorreu" ou "o que foi dito de fato"!?) de fragmentos de tradição contra narrativas mais longas e mais complexas, criando um hiato entre os que, de alguma forma, testemunhavam as ações e palavras de Jesus, dentro de seu horizonte cultural próprio (mítico, contra Bultmann), reduzindo as ações e palavras de Jesus a declarações e fatos esterilizados de suas formas de expressão e da poética religiosa e camponesa que lhe era própria. Diante dessa redução ao mínimo historicamente confiável, não seria mais produtivo formular a pergunta em outra perspectiva? Não pertencem ao âmbito de pesquisa e às possibilidades hipotéticas sobre Jesus de Nazaré o que ele poderia ter feito ou poderia ter dito dentro dos limites do seu vocabulário e numa lista paradigmática de ações como camponês galileu? Esse vocabulário e esse paradigma não se estendem também a seus seguidores, ou seja, às primeiras testemunhas de sua vida? Dito de outro modo: não deveria uma *Vita Jesu* ser um jogo de narrativas possíveis a partir do aspecto paradigmático, em vez de uma escolha de sequências sintagmáticas? O vocabulário e suas combinações possíveis não se tornam aqui mais importantes do que as frases?

Diante dos resultados até aqui obtidos, uma pergunta que ressurge com mais força ainda é aquela sobre até que ponto e em que medida as chamadas "reconstruções históricas" acabam sendo, na verdade, muito mais "construções hermenêuticas" da vida de Jesus. A pergunta, na verdade é: até que ponto a acusação de Schweitzer também vale para as pesquisas mais recentes sobre o Jesus histórico? É possível o estudo histórico de Jesus fora do círculo hermenêutico e de suas implicações?

A pesquisa sobre o Jesus histórico, mesmo pretendendo oferecer uma interpretação mais objetiva da vida de Jesus, livre do dogma, a partir de fontes mais confiáveis e definidas por critérios científicos, não consegue se desvencilhar do peso de decisões hermenêuticas na reconstrução hipotética de sua vida. Jesus ainda soa plausível demais, muito moderno, interpelando cada geração dos leitores da pesquisa com força sempre renovada. A culpa é do método crítico? Talvez. Afinal, não se chega a uma hipótese plausível e minimamente aceita na comunidade acadêmica sobre uma pessoa, sua presença e atuação excepcional como Jesus de Nazaré sem consideráveis reduções, cortes e apropriações.

Os fragmentos – apontados como mais antigos, portanto mais históricos – que são colados entre si assumem um conjunto agora legitimador na nova narrativa que se forma. Os consensos se formam nos debates, congressos, publicações de maior repercussão, de forma que o fragmento ali inserido, em detrimento de outros tantos, acaba por se tornar peça fundamental do todo. Os procedimentos críticos emprestam a aura aos fragmentos escolhidos, como é o caso, por exemplo, no *Jesus Seminar*, que adota uma forma ocidental de exercício de poder: o voto direto. Esse poder é exercido por *scholars* de renome do Atlântico Norte. Tudo isso, sem dúvida, mistifica um pouco o processo e, dessa forma, a nova narrativa sobrevive à crítica e se impõe como reconstrução de Jesus de Nazaré. Mas o quanto a reconstrução ajuda a determinar o que Jesus significa para as pessoas no século XXI? Parece-nos ser este o fascínio da pesquisa bíblica sobre Jesus de Nazaré: o rigor na análise das fontes, das condicionantes da sociedade e a restrição aos filtros interpretativos posteriores da tradição não conseguem eliminar o fato de que tal discurso sobre Jesus ainda é uma narrativa, de que nela procuramos formas de nos inserir, de compreender nosso próprio mundo. Como narrativas sobre Jesus, elas nos convidam ao diálogo.

Talvez o fim de uma pesquisa sobre o Jesus histórico não seja chegar a uma reconstrução supostamente original, confiável, histórica, enfim. Fascina pensar que o Jesus histórico possa ser sempre e apenas um construto com o qual se dialoga, que nunca é um fim em si mesmo, uma reconstrução com a qual nos desconstruímos, questionamos a estabilidade de nossos conceitos e práticas. Poderá ser muito salutar ao leitor moderno, na Pós-Modernidade, nas metrópoles, preocupado com os mercados, com a globalização e com as formas como a tecnologia afeta sua vida, experimentar formas de concepção do mundo, de si mesmo e do sagrado que não são as suas. De saber que as suas são apenas possibilidades entre outras. De que o mundo pode ser narrado de formas distintas. Nesse sentido a imagem de Jesus ainda segue iconoclasta, desconcertante, provocante.

Os temas da morte e da ressurreição de Jesus, além de serem centrais na pesquisa do Jesus histórico (por mais que desconcerte o exegeta falar da ressurreição em tal perspectiva), são temas fundantes na compreensão de Jesus na história. Sua imagem como o messias, filho de Deus que morre pelos pecados dos outros, está nos alicerces da cultura sobre a qual caminham os exegetas. Estes se revoltam, apresentando imagens de um Jesus que anunciava o futuro escatológico iminente ou como um pregador sapiencial de relações igualitárias, mas a sua morte é um limite intransponível à interpretação. É o ponto a partir do qual o significado do profeta radical ou do filósofo camponês ganha peso e evidência; é a barreira contra a qual os novos cortes das fontes terão de lutar, sempre sem sucesso. Talvez porque nos horrorize e, ao mesmo tempo, nos fascine a imagem do Deus que envia o filho à cruz. E que o paradoxo de que o movimento messiânico moribundo se revitaliza a partir da notícia dada pelas mulheres de que o túmulo vazio estava vazio. Como resistir a esse desafio que convida à fé? A pesquisa de Crossan, de um Jesus camponês libertário que resiste à cruz e que resiste à realeza do exaltado, renova as possibilidades de leitura da Paixão e da Ressurreição. Exegese e hermenêutica se fundem em busca de novas possibilidades interpretativas.

John Dominic Crossan é um dos mais conhecidos pesquisadores da atualidade dedicados aos temas do Jesus histórico. Esteve no Brasil recentemente apresentando suas ideias em dois eventos importantes, um na Universidade Federal do Rio de Janeiro, organizado por Gabriele Cornelli e André Chevitarese, e outro na Universidade Metodista de São Paulo, organizado por Paulo Nogueira. Neste livro reunimos as palestras apresentadas na Universidade Metodista de São Paulo, no final de outubro de 2007, que trataram da morte e da ressurreição de Jesus. Nele constam não só as palestras de Crossan, mas também reações a elas, a maior parte delas proferidas no próprio evento. Nosso desejo é oferecer ao leitor momentos em que não só a pesquisa, história e hermenêutica são apresentadas, mas também reações e propostas de diálogo. Crossan se apresenta aqui, ao leitor brasileiro, num processo de diálogo, que realça sua contribuição, mas que também, a partir de nossa perspectiva, ressalta perguntas ainda não respondidas satisfatoriamente, com seus limites e lacunas. Teremos alcançado nosso objetivo se este livro contribuir para que o leitor não só conheça melhor algumas propostas básicas de Crossan, mas também para que se intere de perguntas recentes e importantes que estão sendo feitas e possa até mesmo participar no avanço da reconstrução e da interpretação com suas próprias contribuições.

Os organizadores

A MORTE DO JESUS HISTÓRICO[1]

JOHN DOMINIC CROSSAN*

Minha pesquisa acadêmica sobre o Jesus histórico e o Cristianismo primitivo está disponível em *trilogy-all* publicada por *HarperSan-Francisco* com os três trabalhos traduzidos para o português: (1) O *Jesus histórico: a vida de um camponês judeu do Mediterrâneo*, de 1991; (2) O *nascimento do cristianismo. O que aconteceu nos anos que se seguiram à execução de Jesus*, de 1998; (3) *Em busca de Paulo: como o apóstolo de Jesus opôs o Reino de Deus ao Império Romano*, em coautoria com o arqueólogo Jonathan L. Reed, em 2004. Este *paper* é um resumo da minha atual posição sobre a morte de Jesus, baseado nesses três volumes.

PRÓLOGO
ÉTICA E A INTERPRETAÇÃO DA CRUCIFICAÇÃO DE JESUS

Os residentes da aldeia bávara de Oberammergau organizam uma encenação da Paixão há décadas em gratidão ao aniversário pela proteção de uma peste em 1634. Quando, em 1960, eu vi a segunda produção depois da Segunda Guerra Mundial, era aquela mesma que Hitler tinha visto em 1930 e 1934, antes e depois que ele se tornasse o Chanceler de Alemanha. Mais tarde, mais ou menos na época em que o exército alemão estava começando o ataque final contra Stalingrado, em julho de 1942, Hitler fez um comentário sobre o que ele tinha visto uma década antes:

> É vital que a encenação da Paixão continue em Oberammergau, porque nunca a ameaça judaica foi retratada de maneira tão convincente como nesta apresentação do que aconteceu no tempo dos romanos. Lá se vê em Pôncio

---

[1] Os textos de Crossan neste livro foram traduzidos por Carlos Guilherme Fagundes da Silva Magajewski, mestrando em Ciências da Religião na Umesp, sob orientação do Prof. Dr. Paulo Augusto de Souza Nogueira.

* Professor emérito da DePaul University (Chicago) e considerado o principal estudioso do Jesus histórico em nossa época. Publicou por Paulinas Editora O *nascimento do cristianismo. O que aconteceu nos anos que se seguiram à execução de Jesus*, em 1998; *Em busca de Paulo: como o apóstolo de Jesus opôs o Reino de Deus ao Império Romano*, em coautoria com o arqueólogo Jonathan L. Reed, em 2004; e *Em busca de Jesus. Debaixo da pedras, atrás dos textos*, em coautoria com o arqueólogo Jonathan L. Reed, em 2007.

Pilatos um romano racial e intelectualmente tão superior que ele se destaca como uma rocha firme e limpa em meio a toda sujeira e lodo judaico.

Julgando a partir daquela aprovação, Hitler teria aplaudido com entusiasmo o filme de 2004 de Mel Gibson, *A Paixão de Cristo*. Lá, a "pedra" é retratada ainda mais sólida e a "sujeira" é ainda mais suja do que qualquer coisa jamais sonhada em Oberammergau. Isso nos lembra que qualquer dramatização da morte de Jesus em peças ou filmes demanda um nível muito particular de responsabilidade ética. É necessário que se acerte isso na atualidade porque o erro já alimentou o antijudaísmo teológico e o antissemitismo racial no passado.

Anteriormente, em meu livro de 1995 *Quem matou Jesus?*, discuti a reconstrução histórica do que de fato aconteceu a Jesus como distinto das diferentes interpretações dos Evangelhos daquele evento. Mas, especialmente depois das reações àquele filme de Mel Gibson, percebo que a maioria das pessoas simplesmente não conhece a história do Evangelho. Isso tem de vir primeiro. De qualquer forma que se reconstrua o equilíbrio da história e parábola naquela narrativa, sua primeira obrigação é conhecer a história, acertar a história. Foi essa obrigação que me impeliu a colaborar com meu amigo e colega Marcus Borg em nosso livro de 2006 *A última semana: um relato do dia a dia da última semana de Jesus em Jerusalém*. Como naquele livro, nesse também eu foco em Marcos como a primeira das versões do Evangelho e a fonte principal para Mateus e Lucas e, possivelmente, para João. Além disso, a história geral em Marcos – mas certamente não os detalhes específicos sobre quem disse o que a quem – é o mais próximo que poderemos chegar do que aconteceu historicamente naquela semana final da vida de Jesus. Na verdade, essa narrativa encontra apoio em dois autores de fora do Cristianismo.

Ao término do primeiro século, o historiador judeu Josefo, em suas *Antiguidades judaicas* XVIII,63-64, e, no começo do segundo século, o historiador romano Tácito, em seus *Anais* IV,282-283, concordam em quatro detalhes relativos a Jesus.

Primeiramente, havia um movimento lá pela Judeia. Em segundo lugar, seu fundador, Jesus ou Cristo, foi executado sob Pôncio Pilatos. Em terceiro lugar, apesar disso, o movimento continuou. Quarto, o movimento agora se espalhou, porque, como Josefo coloca de forma neutra, "aqueles que vieram a amá-lo no começo não abandonaram sua afeição por ele", ou, como Tácito coloca sordidamente, "a superstição perniciosa foi controlada momentaneamente, só para reiniciar mais uma vez, não somente na Judeia, a origem da doença, mas na própria capital, onde todas as coisas horríveis ou vergonhosas do mundo se reúnem e entram em voga".

Também há dois detalhes adicionais só mencionados por Josefo. Jesus "converteu muitos judeus e muitos dos gregos" e Pilatos o crucificou "ao ouvir que era acusado por homens da mais alta posição entre nós". Esses dois aspectos do destino de Jesus também são fundamentais para a história de Marcos. Jesus tem a multidão a seu lado, mas é contrariado por uma colaboração das autoridades judia e romana. E esses dois pontos são constitutivos para a discussão seguinte.

Quando vi a encenação da Paixão de Oberammergau pela primeira vez em 1960, um ponto me chamou a atenção enquanto assistindo como drama o que eu nunca tinha apreciado como texto. A encenação leva o dia inteiro, mas com uma pausa longa para o almoço. Começa de manhã cedo, no que nós cristãos chamamos Domingo de Ramos, e o palco fica cheio, com uma multidão enorme de homens, mulheres e crianças, todos aplaudindo e apoiando a entrada de Jesus em Jerusalém. Mas depois, naquela mesma tarde, no que nós chamamos Sexta-feira Santa, a mesma multidão enorme (e na encenação é o mesmo) grita para que Jesus seja crucificado.

O que me marcou fortemente pela primeira vez em 1960 foi que a história não fez sentido dramático nenhum – não havia nenhuma explicação para aquela mudança na resposta da multidão a Jesus. O que aconteceu entre o Domingo de Ramos e a Sexta-feira Santa? Aquela experiência foi minha introdução íntima ao problema do Jesus histórico e assunto de meu primeiro artigo colegial numa edição de 1965 do diário *Estudos Teológicos*. Foquei naquele problema da multidão desafiadora e concluí que

> a evidência [do Evangelho] indica explícita e definitivamente contra qualquer multidão representativa em Jerusalém gritando pela morte de Jesus; é bastante possível que a multidão ante Pilatos estava mais interessada em Barrabás como um herói rebelde e em Jesus só na medida em que ele se tornou uma ameaça para a libertação de Barrabás.

Realmente, quarenta anos depois, "a multidão" ainda é o problema constitutivo para a reconstrução da última semana de Jesus em Jerusalém e na compreensão do Evangelho de Marcos.

A propósito, o mesmo problema deve ter chamado a atenção de qualquer um vendo *A Paixão de Cristo*, mas de um modo ligeiramente diferente. O filme de Gibson não abre no chamado Domingo de Ramos, como faz a encenação de Oberammergau. Abre, sim, na noite da Quinta-feira Santa, quando Jesus é preso na escuridão com a ajuda de Judas. Isso evita o assunto do entusiasmo de Domingo de Ramos *versus* rejeição da Sexta-feira Santa, mas o levanta de outra maneira. Se a multidão é total e absolutamente contra Jesus, como o filme que retrata a sexta-feira, por que as autoridades precisam da escuridão e da traição para prender Jesus? Se todo mundo (excluindo seus próprios seguidores) está contra ele, por que não o prender durante o dia ao ar livre?

Na verdade, o próprio Jesus levantou essa questão contra a proposta de Mel Gibson. Em Mc 14,48-49: "Jesus disse: 'Viestes com espadas e paus para me prender, como se eu fosse um bandido? Todos os dias eu estava convosco, no templo, ensinando, e não me prendestes'". O problema da multidão é central, então, para se entender a morte de Jesus como história do Evangelho e para se reconhecer sua má interpretação na encenação da Paixão e no filme da Paixão.

PARTE I
UMA DUPLA DEMONSTRAÇÃO EM JERUSALÉM

Depois do que tinha acontecido a João, Jesus saberia que ele também estava em perigo mortal. Realmente, Antipas, como um líder astuto durante 43 anos, pode ter hesitado em mexer com Jesus cedo demais depois da impopular execução do Batista. Na Galileia, portanto, Jesus foi protegido principalmente pela morte de João. Mas e Pilatos na Judeia?

Não podemos ter certeza se Jesus ia regularmente ou foi só uma vez para as festas dos peregrinos em Jerusalém. Em qualquer dos casos, a pergunta é a mesma: se frequentemente, que aconteceu dessa vez? Se uma vez, por que essa vez? Porém podemos estar seguros de que ele foi dessa vez para fazer uma dupla demonstração bem pública. Ele não foi para ser morto, para ser martirizado, porque isso é patológico, já que todo mártir precisa de um assassino. Marcos insiste que Jesus sabia até o mais específico detalhe do que iria lhe acontecer – leia Mc 10,33-34, por exemplo –, mas isso é simplesmente a maneira de Marcos insistir que tudo fora aceito por Deus e Jesus. Aceito, que fique claro, mas não desejado, quisto, necessitado ou exigido.

Jesus foi para Jerusalém dessa vez definitiva porque era uma cidade importante onde religião e violência, onde religião conservadora e opressão imperial tinham serenamente se tornado cúmplices. Por exemplo: nós provavelmente podemos comparar a teologia de Caifás na geração de Jesus com a de Josefo na próxima. "Deus, que girou pelas nações, trazendo para cada uma, por sua vez, o bastão do Império, agora repousava sobre a Itália", disse Josefo em sua *A guerra dos judeus* V,367. Era a vontade de Deus, portanto, aquela de que Roma deveria reger o mundo e que os judeus deveriam sempre cooperar e nunca resistir àquele mandato divino.

Jesus foi para Jerusalém porque era onde a sua deliberada dupla demonstração contra a injustiça imperial e a colaboração religiosa tinha de ser feita. É crucialmente importante, especialmente sob a luz do antigo e duradouro antijudaísmo cristão, deixar bastante claro que essa dupla demonstração não era contra o Judaísmo como tal, Jerusalém como tal, o templo como tal, ou o sumo sacerdócio como tal. *Era um protesto do coração legal e profético do Judaísmo contra a cooperação religiosa judaica com o controle imperial romano.* Era, pelo menos para os seguidores cristãos de Jesus, na época ou agora, um protesto-demonstração permanentemente válido contra a conspiração em qualquer Cidade-Estado entre a religião local conservadora e a violência imperial estrangeira a qualquer tempo ou em qualquer lugar.

A primeira demonstração

Isto é o que nós erroneamente chamamos de "a entrada triunfal em Jerusalém". Foi, de fato, uma entrada antitriunfal, uma alternativa calculada para estado de normalidade imperial com uma genealogia profética que vai até um oráculo acrescentado ao livro de Zacarias no quarto século a.E.C. Aquele oráculo criou um contraste deliberado com a forma como Alexandre da Macedônia tinha entrado em cidades como Tiro e Gaza depois de sítios devastadores ou, especialmente, com o modo como ele entrou em Jerusalém quando ela finalmente decidiu não resistir, mas submeter-se e abrir seus portões ao conquistador.

Como qualquer cidade do mundo antigo, Jerusalém sabia que um conquistador entrava nela na melhor das hipóteses por portões abertos e na pior por paredes arrebentadas. Em qualquer caso, ele veio em carruagem ou cavalo de batalha. Mas em Zc 9,9-10 o profeta imagina esta entrada futura antitriunfal do Messias montado em um jumento:

> Dança de alegria, filha de Sião, dá vivas, filha de Jerusalém, pois agora o teu rei está chegando, justo e vitorioso. Ele é pobre, vem montado num jumento, num burrico, filho de jumenta. Ele vai dispensar os carros de guerra em

18 | MORTE E RESSURREIÇÃO DE JESUS

Israel, vai dispensar os cavalos em Jerusalém, vai dispensar todas as armas de guerra. Sua palavra é de paz para as nações. O seu reino vai de um mar até o outro, do rio Eufrates até a extremidade do país.

Isso é o que Jesus ordenou implicitamente em Marcos e explicitamente em Mateus 21,4-5. Mas note especialmente a natureza deliberada e pré-planejada dessa demonstração profética em Mc 11,1-6. Tudo foi armado de antemão e aos discípulos foi ordenado que se fossem e obtivessem o jumento de seu dono porque naquela hora "Deus precisa dele". O dono esperou o uso planejado do seu jumento por Jesus.

A segunda demonstração

É o que nós chamamos erroneamente de "a purificação do templo". Foi, de fato, uma destruição simbólica do templo e teve uma genealogia profética antiga que vai até Jeremias no final do sétimo século a.E.C. Em Jr 7 e 26, o profeta foi ordenado por Deus a advertir os adoradores no templo de que não pensassem que a prática da adoração os eximia da prática da justiça. Diz Deus: "Só se endireitardes mesmo vosso caminho, vosso modo de agir, se fizerdes valer a justiça uns com os outros e não continuardes a tapear o migrante, o órfão e a viúva, se, neste lugar, nunca mais tirardes a vida ao inocente [...]" (7,5-6) eu continuarei morando com vós neste templo. Caso contrário, adverte Deus, "farei a esta casa consagrada ao meu nome, e na qual colocais vossa confiança, lugar que vos dei, a vós e a vossos pais, o mesmo que fiz com o santuário de Silo" (7,14). Em outras palavras: o grande templo da Judeia será destruído da mesma maneira que o santuário mais velho em Samaria. O uso da adoração divina para evitar a justiça divina tinha transformado o templo em uma fortaleza, um refúgio, um esconderijo, um "esconderijo de ladrões" (7,11). A propósito, nota que um "esconderijo" não é onde os ladrões fazem o roubo, mas é para onde eles fogem em segurança com os espólios do que roubaram em outros lugares.

O que Jesus fez, então, foi cumprir essa profecia de Jeremias da mesma maneira que ele tinha cumprido a de Zacarias no dia precedente. Ele fecha, simbólica e profeticamente, as operações fiscais, rituais e administrativas perfeitamente válidas do templo (Mc 11,15-17):

> Entrando no templo, Jesus começou a expulsar os que ali estavam vendendo e comprando. Derrubou as mesas dos que trocavam moedas e as bancas dos vendedores de pombas. Também não permitia que se carregassem objetos passando pelo templo. Pôs-se a ensinar e dizia-lhes: "Não está es-

crito que *a minha casa será chamada casa de oração para todos os povos?* [= Is 56,7] *Vós, porém, fizestes dela um antro de ladrões"* [= Jr 7,11].

A mensagem de Jeremias quase custou sua vida e a dupla demonstração de Jesus valeria a sua. Note, uma vez mais, que essa segunda demonstração também foi programada deliberadamente. Jesus tinha entrado no templo em Mc 11,11, mas tinha esperado até a manhã seguinte, em Mc 11,15-17, pela demonstração.

Na história de Marcos, tudo isso serve para focar a atenção nas demonstrações como aspectos gêmeos do mesmo protesto não violento. Cada um adquire seu próprio dia no que nós chamamos domingo e segunda-feira daquela última semana. Cada um é uma ação acompanhada, implícita ou explicitamente, por uma mensagem profética e realizada com seu cumprimento. Cada uma é bastante deliberada. Cada uma ocorre à entrada da cidade ou à entrada do templo. Junto e em nome de Deus, eles protestam qualquer colaboração entre autoridade religiosa e violência imperial. Mas Jesus estava fazendo tudo para ser executado, morrer como um mártir, cumprir, dizem, Is 52-53? Nós voltamos, mais uma vez, para o problema da multidão – um problema que também é uma solução.

PARTE II
JESUS E A MULTIDÃO DE JERUSALÉM

Domingo a quarta-feira

No domingo, nosso Domingo de Ramos cristão, a multidão de Jerusalém estava do lado de Jesus naquela demonstração anti-imperial em Mc 11,8-10:

> Muitos estenderam seus mantos no caminho, enquanto outros espalharam ramos apanhados no campo. Os que iam à frente e os que vinham atrás clamavam: *"Hosana! Bendito o que vem em nome do Senhor!* Bendito seja o Reino que vem, o Reino de nosso Pai Davi! Hosana no mais alto dos céus!"*.

Mas veja a importância desse apoio contínuo e proteção enquanto a história de Marcos se desenrola dia a dia de domingo a quarta-feira.

Na segunda-feira, depois da demonstração no templo, Mc 11,18 comenta que "os sumos sacerdotes e os escribas ouviram isso e procuravam um modo de matá-lo. Mas tinham medo de Jesus, pois a multidão estava maravilhada com o ensinamento dele". Isso monta uma distinção clara entre as autoridades judias e a multidão judia em relação a Jesus. E é semelhante às reações divergentes a Jesus em Josefo, como citado anteriormente.

Na terça-feira ocorre uma série de debates entre Jesus e essas autoridades, nos quais eles tentam criar uma barreira entre Jesus e seu apoio popular. Por exemplo, isso é a lógica da pergunta traiçoeira: nós deveríamos pagar impostos a César ou não? Se ele responder sim, a multidão o abandonará; se não, os romanos o prenderão. Mas três vezes naquela terça-feira Marcos insiste que a multidão está do lado de Jesus.

Primeiro, com respeito a João Batista, Jesus mostra que as autoridades estavam contra João assim como agora estão contra ele e assim também contra seu próprio povo. "Eles tinham medo do povo, já que todos diziam que João era realmente um profeta" (Mc 11,32). Segundo, depois que Jesus conta a parábola do mau lavrador que mata o filho do dono do vinhedo, essas mesmas autoridades "procuravam prender Jesus, pois entenderam que tinha contado a parábola com referência a eles. Mas ficaram com medo da multidão; por isso, deixaram Jesus e foram embora". Finalmente, depois que Jesus mostra no Sl 110,1 que o Messias não é só o Filho, mas o Deus de Davi, "a grande multidão o estava escutando com prazer". Marcos menciona o apoio de Jesus e a proteção da multidão essas três vezes na terça-feira conduzindo para o clímax da sua história no dia seguinte.

Na quarta-feira pela manhã, uma decisão final é feita pelas autoridades religiosas, em Mc 14,1-2: "Faltavam dois dias para a Páscoa e a festa dos Pães sem Fermento. Os sumos sacerdotes e os escribas procuravam um modo de prender Jesus e matá-lo à traição, pois diziam: 'Não na festa, para que não haja tumulto entre o povo'". Com efeito, então, eles renunciaram à esperança de agir contra Jesus durante os dias festivos e é claro que, depois do festival, ele bem pode ter ido para casa. Não importando o quão grande era a multidão que o apoiava, era grande o bastante para parar as autoridades ao se arriscar uma revolta. Nesse momento, dentro da lógica da história de Marcos, Jesus está seguro, como esperava, Jesus se safou com sua dupla demonstração, as autoridades judias são freadas pela multidão judia que apoia o Jesus judeu.

É precisamente esse impasse que é resolvido para eles por Judas em Mc 14,10-11: "Judas Iscariotes, um dos Doze, foi procurar os sumos sacerdotes para lhes entregar Jesus. Ouvindo isso, eles ficaram contentes e prometeram dar-lhe dinheiro. Judas, então, procurava uma oportunidade para entregá-lo". Judas se oferece para lhes falar onde Jesus está à noite longe da multidão e não resta dúvida de que a ideia deles é terminar

A MORTE DO JESUS HISTÓRICO | 21

tudo antes de a multidão tomar conhecimento disso. Traição, segredo e velocidade são agora essenciais – dentro da lógica da *narratividade* de Marcos. E assim aconteceu.

Sexta-feira

Tudo isso está bastante claro do domingo pela manhã até quinta-feira à noite, mas e aquela "multidão" que exigia a execução de Jesus na sexta-feira à tarde? Eu volto novamente para uma leitura mais detalhada de Mc 15,6-9 e observo a sucessão desses quatro versículos muito cuidadosamente – uma vez mais dentro da lógica da *narratividade* e abstraindo por hora a questão de historicidade:

> Por ocasião da festa, Pilatos costumava soltar um preso que eles mesmos pedissem. Havia ali o chamado Barrabás, preso com amotinados que, numa rebelião, cometeram um homicídio. A multidão chegou e pediu que Pilatos fizesse como de costume. Pilatos respondeu-lhes: "Quereis que eu vos solte o Rei dos Judeus?".

A lógica dessa *narratividade* da sucessão de quatro versículos de Marcos está bastante clara. Há uma anistia pascal aberta a quem quer que a multidão escolha. *Eles se manifestam para conseguir a libertação de Barrabás.* Pilatos, reconhecendo corretamente que o não violento Jesus é de longe uma menor ameaça que o violento Barrabás, tenta livrá-lo. A multidão exige Barrabás e rejeita Jesus. Nessa história não há qualquer evidência de que eles sabiam ou se preocupavam com Jesus, exceto que era uma ameaça presente à liberdade de Barrabás. A propósito, há várias razões para se presumir que tal "multidão" é não mais que uma delegação pequena de, diga-se, nove ou dez pessoas. Acreditando-se que há uma atmosfera de barril de pólvora na Páscoa, acreditando-se no caráter volátil de Pilatos, acreditando-se na natureza perigosa do pedido, mais do que esse número seria suicídio.

Porém, note que, enquanto se sai de Marcos para Mateus e Lucas e se chega a João, o número e propósito daquela multidão muda drasticamente ante os olhos. Primeiro Mateus começa com uma "multidão" em 27,15, então se expande a "multidões" em 27,20 e termina com "todo o povo" em 27,25. Segundo, Lucas inverte a ordem de Marcos de forma que a multidão vem contra Jesus mais do que a favor de Barrabás. Veja a sucessão em Lc 23,18-19: "Toda a multidão começou a gritar: 'Fora

22 | MORTE E RESSURREIÇÃO DE JESUS

com ele! Solta-nos Barrabás!'. Barrabás tinha sido preso por causa de uma rebelião na cidade e por homicídio". Finalmente, em João, não é a multidão, seja ela grande ou pequena, são "os judeus" que rejeitam Jesus e reivindicam Barrabás. Uma vez mais veja a sucessão em Jo 18,38-40:

> Pilatos lhe disse: "Que é a verdade?". Dito isso, saiu ao encontro dos judeus e declarou: "Eu não encontro nele nenhum motivo de condenação. Mas existe entre vós um costume de que, por ocasião da Páscoa, eu vos solte um preso. Quereis que eu vos solte o Rei dos Judeus?". Eles, então, se puseram a gritar: "Este não, mas Barrabás!". Ora, Barrabás era um assaltante.

O aumento contínuo no tamanho da multidão de sexta-feira junto com a mudança no seu propósito primário de favorável a Barrabás para anti-Jesus, assim como também a isenção de culpa de Pilatos, tudo isso indica o fato de que, na pátria judia do primeiro século, os judeo-cristãos tinham mais a temer da autoridade judia do que da romana e que cada vez mais os seus irmãos judeus recusavam a opção judeo-cristã.

Mas todas essas expansões no tema marcano só servem para enfatizar a sua versão original, onde uma (prudentemente pequena?) multidão foi a Pilatos para obter a liberdade sob a anistia pascal para seu herói Barrabás. A propósito, ele não era o palhaço grosseiro retratado em *A Paixão de Cristo*, mas simplesmente a versão judia do anti-imperialista escocês *Coração valente* ou do anti-imperialista norte-americano *O Patriota*. Se alguém quer dramatizar a morte de Jesus em encenações ou filmes, primeiro leia o texto para acertar a história.

PARTE III
O SIGNIFICADO E SACRIFÍCIO

Além da *narratividade*, quiçá a historicidade, há a pergunta mais profunda da *teologia* dentro da qual a execução de Jesus é, então e agora, compreendida pelos cristãos. Para *A Paixão de Cristo* e milhões de cristãos, era uma teologia de compensação por substituição ou satisfação vicária. Aqui está seu conteúdo.

Deus estava ofendido pelo pecado humano e, como uma afronta finita para o infinito, nenhuma satisfação adequada era possível. Então, na clemência dele, enviou Deus seu único Filho concebido para sofrer e morrer em nosso lugar. Por isso, no filme de Mel Gibson, são duas horas de sofrimento indescritível enquanto Jesus suporta o castigo para todos os pecados contra Deus desde o alvorecer da criação. Nessa teologia Deus é imaginado como um juiz divino que não pode perdoar ninguém assim como um juiz humano não poderia entrar na sala de tribunal e perdoar todos sob acusação. Porém você notará que a metáfora tradicional para Deus é o Pai em lugar do Juiz, e que nós esperamos que um pai se recuse a julgar seu filho em tribunais humanos. Nós não concebemos que a pessoa possa ser ao mesmo tempo juiz e pai.

Porém meu ponto atual não é aquele conflito transcendental entre as metáforas de Pai divino e Juiz divino, mas antes a confusão naquela teologia entre *sacrifício, substituição* e *sofrimento,* assim como a presunção errônea de que sempre que o Novo Testamento menciona o *sacrifício* de Jesus esses outros dois aspectos de *sofrimento* e *substituição* devem estar incluídos.

Sacrifício

Seres humanos sempre conheceram dois modos bastante básicos de criar, manter ou restabelecer boas relações com os outros – o *presente* e a *refeição.* O presente oferecido e a refeição compartilhada representam a manifestação externa de uma disposição interna e ambos tinham seus delicados protocolos de quê?, quando, por quê?, para quem? e por quem? tais eventos aconteciam.

Ambos os elementos, presente e/ou refeição, se unem no sacrifício animal. Como fazer para criar, manter ou restabelecer boas relações entre uma pessoa humana e um ser divino? Que atos visíveis poderiam fazer isso com um Ser Invisível? Se através do *presente,* o animal era totalmente destruído, pelo menos era o que o dono da oferenda desejava. Não resta dúvida de que a fumaça e a subida do cheiro simbolizavam a transição do presente da terra para céu e de ser humano para Deus. Se por *refeição,* o animal foi transferido a Deus, tendo seu sangue vertido sobre o altar, e foi, então, devolvido ao oferecedor como comida divina para um banquete com Deus. Em outras palavras: o oferecedor não convidou Deus a uma refeição, mas Deus convidou o oferecedor a uma refeição.

Essa compreensão de sacrifício clarifica a etimologia do termo. Deriva de *facere sacrum,* quer dizer: fazer (*facere*) sagrado (*sacrum*). Em um sacrifício o animal é *feito sagrado* e é dado a Deus como um presente sagrado ou devolvido ao oferecedor como uma refeição sagrada. Esse senso de sacrifício nunca deveria ser confundido com *sofrimento* e/ou *substituição.*

Sofrimento

Oferecedores de sacrifícios nunca pensaram que o objetivo destes era fazer o animal sofrer. Ou que o maior sacrifício era aquele no qual o animal sofria longa e terrivelmente. Para uma refeição humana ou uma refeição divina, um animal tinha de ser morto, mas isso era feito rápida e eficazmente – os antigos sacerdotes também eram excelentes açougueiros.

Substituição

Oferecedores de sacrifícios nunca pensaram que o animal estava morrendo no lugar deles, que eles mereciam ser mortos em castigo por seus pecados, mas aquele Deus aceitaria o animal morto como compensação por substituição ou satisfação vicária. Sacrifício de sangue nunca deveria ser confundido com ou transformado em sofrimento ou substituição, ainda mais sofrimento em substituição. Nós podemos ou não gostar do antigo sacrifício de sangue, mas não deveríamos nem caricaturar, nem caluniar isso.

Como um adendo, pense em nosso uso ordinário do termo sacrifício hoje em dia. Um edifício está em chamas, uma criança fica presa escada acima, um bombeiro corre para dentro para tentar salvá-la e consegue jogá-la com segurança na rede abaixo. Então o telhado se desmorona e mata o bombeiro. No dia seguinte os jornais locais mancheteiam: BOMBEIRO SACRIFICA SUA VIDA. Nós não somos antigos, mas modernos, e ainda assim essa é uma declaração absolutamente aceitável.

Por um lado, toda a vida humana e toda a morte humana é sagrada. Por outro, aquele bombeiro transformou sua própria morte em algo especial, peculiar e enfaticamente *sagrado*, renunciando a ela para salvar a vida de outro. Até aqui tudo bem. Agora imagine se alguém confundisse sacrifício com sofrimento e negasse que era um sacrifício porque o bombeiro morreu imediatamente e sem sofrimento intolerável. Ou se alguém confundisse sacrifício com substituição, se dissesse que Deus queria alguém morto naquele dia, tendo aceitado o bombeiro em vez da criança. Pior de tudo, imagine que alguém reuniu sacrifício, sofrimento e substituição reivindicando que o bombeiro teve de morrer em agonia como compensação pelos pecados dos pais da criança. Essa teologia seria um crime contra a divindade.

Então, está certamente correto chamar a morte de Jesus – ou, de fato, a morte de qualquer mártir – um sacrifício, quer dizer: um presente para o divino para o benefício de outros humanos. Mas substituição e sofrimento não constituem o objetivo do sacrifício. Compensação por substituição é teologia cristã ruim na teoria, assim como terrorismo suicida é teologia islâmica ruim na prática. Jesus morreu *por causa* de nossos pecados ou *de* nossos pecados, mas isso nunca deveria ser mal interpretado como *por* nossos pecados. Em Jesus, o radicalismo de Deus encarnou e o estado normal da violência brutal da civilização (nossos pecados ou, melhor, *nosso pecado*) o executou. A execução de Jesus nos pede que enfrentemos a verdade: que, ao longo da evolução humana, a injustiça foi criada e mantida através da violência, enquanto a justiça foi combatida e evitada através da violência. O alerta, se atendido, pode ser a salvação.

EPÍLOGO
PILATOS E A INTERPRETAÇÃO DA CRUCIFICAÇÃO DE JESUS

Em uma magnífica cena parabólica no Evangelho de João, Pilatos confrontou Jesus (ou Jesus confrontou Pilatos?) sobre o reino que ele proclamava. "Meu reino", disse Jesus na versão do incidente na [Bíblia versão] *King* James, "não é deste mundo: se meu reino fosse deste mundo, então meus criados lutariam para que eu não fosse entregue aos judeus: mas agora o meu reino não é daqui" (18,36). Eu tiro seis pontos fundantes daquele breve intercâmbio:

- Primeiro: Jesus opõe o Reino de Deus aos reinos "deste mundo". O termo "deste mundo" não significa a criação boa de Deus de Gn 1, o mundo que "Deus assim amou" de acordo com Jo 3,16. É a criação de Deus revestida de nossos modos imperiais de civilização baseada na violência.

- Segundo: Jesus é condenado à morte pelo romano Pilatos, na Judeia romana, no distante Oriente do Império Romano. Mas nunca menciona Roma como tal e nunca se refere a Pilatos pelo nome. Ele opõe algo encarnado dentro, mas também muito maior do que Roma ou qualquer outro império.

- Terceiro: se Jesus tivesse parado depois de dizer que "meu reino não é deste mundo", como nós fazemos tão frequentemente ao citá-lo, esse "de" seria totalmente ambíguo. "Não deste mundo" poderia significar: nunca na terra, mas sempre no céu; não agora no tempo presente, mas no futuro iminente ou distante; não um assunto do mundo exterior, mas somente da vida íntima. Jesus esclareceu toda e qualquer má interpretação continuando assim: "Se meu reino fosse deste mundo, então meus criados lutariam, para que eu não fosse entregue" à execução. Seus soldados me retêm, Pilatos, mas meus companheiros não o atacarão nem mesmo para me salvar da morte. Seu Império Romano, Pilatos, é baseado na injustiça da violência, mas meu reino divino está baseado na justiça da não violência.

- Quarto: a diferença crucial – e a única mencionada – entre o Reino de Deus e o Reino de Roma é a não violência de Jesus e a violência de Pilatos. Mas, voltando a meu primeiro ponto, a violência do imperialismo romano não era nada mais do que mais uma encarnação, naquele momento do primeiro século e naquele lugar mediterrâneo "deste mundo", isto é, do estado violento normal da civilização propriamente dita.

- Quinto: o intérprete mais importante de Jesus no Novo Testamento inteiro é Pilatos. Ele reconheceu a diferença claramente entre Barrabás e Jesus. Barrabás era um revolucionário violento, como Mc 15,7 colocou: "Havia ali o chamado Barrabás, preso com amotinados que, numa rebelião, cometeram um homicídio". Pilatos o prendeu junto com aqueles seguidores que ele pôde capturar. Mas Jesus era um revolucionário não violento, portanto Pilatos não realizou qualquer tentativa de prisão contra o círculo de seus companheiros. Ambos, Barrabás e Jesus, se opuseram à injustiça romana na pátria judia, mas Pilatos soube equilibrar exata e corretamente as suas oposições divergentes.

- Sexto: a resposta de Jesus a Pilatos não representou a verdade dita ao poder. Era, sim, uma verdade poderosa que confrontava outra. Era a verdade poderosa da justiça não violenta que confrontava a verdade poderosa da injustiça violenta.

Enfatizo esse contraste entre o Reino de Pilatos de Roma como repressão violenta e o Reino de Jesus de Deus como resistência não violenta porque Jesus poderia simplesmente ter dito a Pilatos que o reinado de Roma era injusto e o Reinado de Deus era justo. Isso teria sido verdade, mas teria evitado o assunto de se o Reinado de Deus seria estabelecido pela violência humana ou divina. Portanto, sob o problema do Império estava o problema da justiça, mas sob o problema da justiça estava o problema da violência. E foi isso que matou Jesus.

A RESSURREIÇÃO DO JESUS HISTÓRICO

JOHN DOMINIC CROSSAN

PRÓLOGO
MODO E SIGNIFICADO NA RESSURREIÇÃO DE JESUS

Eu utilizo o termo *modo* para distinguir entre um tipo de linguagem que é literal, factual, verdadeira ou histórica (Jesus é o camponês de Nazaré), e outro tipo de linguagem que é metafórica, ficcional, simbólica, ou parabólica (Jesus é o cordeiro de Deus). Surgem problemas, claro, não tanto na teoria abstrata quanto na aplicação prática. Em qual modo devemos situar esta ou aquela afirmação histórica citada? E, se for no modo metafórico, qual é o referente da metáfora e o que pretende asseverar? Insisto, a propósito, que uma afirmação metafórica ou história parabólica podem ter um referente muito, muito concreto, digamos, no caráter de uma pessoa, na identidade de um grupo, no programa de um movimento, ou no destino de um império. Exemplifico com a história de Emaús em Lc 24,13-22.

Um par, presumivelmente um homem e uma mulher e possivelmente marido e esposa, uma vez que, conforme a educação chauvinista mediterrânea padrão, apenas o homem é identificado, encontram Jesus enquanto saem de Jerusalém naquele que chamamos Domingo de Páscoa. Ao contrário de todas as outras aparições semelhantes após a ressurreição, Jesus está disfarçado como um estrangeiro comum. Seus corações, como eles diziam, queimavam dentro deles enquanto ele abria as Escrituras para revelar nelas o destino dele (Lc 24,32), mas foi somente no partir do pão que "seus olhos se abriram, e eles o reconheceram. Ele, porém, desapareceu da vista deles" (Lc 24,31). Esta revelação culminante aconteceu apenas por causa dos versos precedentes: "Quando chegaram perto do povoado para onde iam, ele fez de conta que ia adiante. Eles, porém, insistiram: 'Fica conosco, pois já é tarde e a noite vem chegando!' Ele entrou para ficar com eles" (24,28-29). Apenas quando o estrangeiro foi convidado a partilhar da refeição deles – naquela que era, presumivelmente, a casa deles – é que ele se revelou o Senhor Ressurreto. Jesus abriu as Escrituras para eles e eles abriram sua mesa para ele.

Pense agora em duas rotas para comentar esta história. Primeiro, poderíamos discutir se era pretendido e/ou deveria ser interpretada como fato ou ficção, história ou parábola. E poderíamos parar nesta discussão de *modo*, nunca ir além dela, e nenhum dos lados mudaria sua posição inicial. Ou, segundo, poderíamos terminar aquele debate ou mesmo colocá-lo completamente entre parênteses e prosseguirmos para discutir o *significado*. Se você a toma historicamente, que significa para você? Se você a toma como absolutamente literal, porque o Senhor Ressurreto decidiu agir de tal maneira e não de outra com aquelas pessoas naquele dia? Na verdade, quanto mais literalmente se toma e quanto mais se crê que Jesus poderia fazer qualquer coisa que quisesse, tanto mais se deve ponderar porque ele fez isso em vez daquilo, apareceu desta maneira em vez de outra. Se a toma metaforicamente, que significa para você? Se a considerar uma parábola, qual sua intenção, propósito, efeito, ensinamento? Poderia ser, desejaria ser, deveria ser que, em qualquer modo, o significado seja o mesmo?

Mesmo uma discussão perfeitamente válida sobre o *modo* não pode negar uma discussão ainda mais válida sobre o *significado*. Mas, primeiro, uma discussão sobre o modo frequentemente prescinde ou evita conscientemente o desafio do significado. E, segundo, focalizar exclusivamente ou mesmo primariamente o modo frequentemente termina por agravar o desacordo existente nesta questão em vez de explorar além dela em direção a um acordo potencial sobre o significado. Podemos, certamente, debater se era pretendido que a história de Emaús fosse e/ou devesse ser interpretada como histórica ou parabólica, mas em qualquer opção e em qualquer caso ela nos desafia para além do modo, para o significado: acreditamos ou não que o Senhor Ressurreto está presente quando, inicialmente, o procuramos e encontramos nas Escrituras e, por fim, quando o convidamos no estrangeiro para partilhar o nosso mundo como se pertencesse a Deus e não a nós?

Voltemos, por um instante, das parábolas *sobre* Jesus às parábolas *de* Jesus. Tendo ouvido de Jesus o relato do bom samaritano, poderíamos discutir para sempre se era uma história factual ou parábola ficcional. E essa concentração no *modo* nos permite evitar o desafio do *significado*. Que é: você salvaria ou não o seu estrangeiro cultural se o encontrasse morrendo em uma vala? Ou melhor: você aceitaria ou não que o seu estrangeiro cultural pudesse lhe salvar se o encontrasse morrendo em uma vala?

Em meu livro de 1994, *Jesus: uma biografia revolucionária*, disse que "Emaús nunca aconteceu. Emaús acontece sempre" (p. 197). Um breve sumário da minha opinião de que esse relato foi uma parábola pretendida como um desafio constante. Mas a primeira metade desse aforismo era sobre *modo*, e a segunda metade sobre *significado*. Na discussão sobre a morte de Jesus que se segue, tentarei sempre, primeiro, distinguir o modo do significado e, segundo, quando houver desacordo terminal sobre o modo, insistir em levantar ao menos a questão do significado. Seria possível colocar entre parênteses o debate irreconciliável sobre o modo e nos encontrarmos, em vez disso, no campo do significado? Talvez não possamos mais nos dar ao luxo da controvérsia perpétua sobre o modo e o adiamento perpétuo do significado entre os cristãos enquanto o mundo de Deus é cada vez mais tomado pela injustiça e pela violência.

PARTE I
O SIGNIFICADO DA RESSURREIÇÃO CORPÓREA PARA JUDEUS DO PRIMEIRO SÉCULO

Isto é algo que todo mundo sabe, mas que é tão surpreendente que deve ser repetido constantemente. Pela maior parte da sua história antes do primeiro século da Era Comum, os israelitas e/ou os judeus desacreditavam de uma vida após a morte.

Primeiro, após a morte, todos os indivíduos, tanto bons quanto maus, descem ao xeol, que era, simplesmente, a sepultura em letras grandes, o fim com ênfase. Não era nem inferno nem céu; era simplesmente "nunca mais". Isto é óbvio quando se olham estes outros termos que são associados a xeol em um paralelismo poético. São exemplos xeol/abismo em Sl 16,10; 30,3; Pr 1,12; Is 14,15; morte/xeol em 2Sm 22,6; Sl 6,6; Sl 18,5; Sl 116,3; ou xeol/pó em Jó 17,16.

Assim, do xeol em Is 38,18 ("Pois a Morada dos mortos não te louva, a Morte não vai cantar-te hinos. Quem baixa à sepultura não mais espera tua fidelidade"), no final do oitavo século, ao Abismo no Eclesiástico 14,16-18 ("Dá e recebe, e alegra a ti mesmo, pratica a justiça antes da morte, porque não há mais oportunidade, no Abismo, de procurar o prazer. Toda carne envelhece como a roupa e como a folha que dá fruto na árvore verde" – porque o decreto desde antigamente é "você deve morrer"), no começo do segundo século, a mensagem é constante e de aceitação consensual.

Certamente, você poderia esperar que sua memória e/ou família permanecessem dali em diante e especialmente que o Povo de Deus, ao qual você pertencera outrora e, portanto, para sempre, vivesse sobre esta terra. Xeol, no entanto, significava para todo mundo pó, morte e trevas, eventualmente.

Segundo, eu disse "desacreditava" em vez de "não criam", e isso foi deliberado. Não é que a ideia de imortalidade ou de vida após a morte nunca tenha ocorrido aos israelitas ou judeus da Antiguidade. Isso seria impossível para um povo que vivia vizinho no Egito, para um povo cujos viajantes teriam visto as pirâmides. Mas eles nunca discutem qualquer tipo de possibilidades da pós-vida, então devemos inferir (e isso só pode ser uma inferência) que tal crença fosse considerada como mais uma usurpação pagã de direitos e privilégios pertencentes apenas a Deus. Era, em outras palavras, um ato de fé *não* crer em vida após a morte.

Terceiro, eu enfatizo, portanto, que a majestade da lei, o desafio dos profetas, a glória dos salmos e a sabedoria dos sábios surgiram e floresceram entre um povo para o qual a vida sob Deus era suficiente, adequada, e tudo o que havia.

Quarto, também havia muitas esperanças simbólicas ou orações hiperbólicas que podiam, *quando um pós-vida foi finalmente afirmado*, ser tomadas bem literalmente com referência à ressurreição e mesmo à ressurreição corporal. Por exemplo, em Is 26,19:

> Teus mortos, porém, reviverão!
> Seus cadáveres vão se levantar!
> Acordai para cantar,
> vós que dormis debaixo da terra!
> Pois teu orvalho é orvalho de luz
> e a terra restituirá à luz seus mortos.

Mas foi uma experiência muito específica em um tempo e lugar muito específicos que trouxeram pela primeira vez a crença em uma pós-vida e sanções de um próximo mundo ao Judaísmo.

O pano de fundo causador foi, em termos gerais, a tensão entre o Judaísmo tradicional e o helenismo invasivo, em particular a tentativa do monarca sírio, Antíoco IV Epífanes, de fundir social, política e economicamente a terra natal judaica ao seu Império pressionado. Em dezembro de 167 a.E.C. ele lançou uma perseguição religiosa de modo a destruir a maior fonte de oposição à transformação de Jerusalém em uma cidade grega totalmente funcional. Mas em dezembro de 164 os asmoneus já tinham derrotado as tropas sírias e, no decorrer dos próximos cem anos até a chegada dos romanos, prosseguiram na expansão do território judaico em todas as direções.

Para alguns judeus esta era a solução, para alguns apenas um problema diferente, para outros algo quase irrelevante. Para aqueles outros, os mártires que haviam morrido sob perseguição constituíam um desafio teológico profundo que não poderia ser resolvido facilmente pelas vitórias militares ou expansões territoriais. Onde estava a justiça de Deus para os *corpos* torturados e brutalizados dos mártires? Focalizo, aqui, na ressurreição *corporal* como uma resposta, e vejo sua chegada *mais claramente* em uma comparação das histórias de martírio em 2 Macabeus, que são de aproximadamente 100 a.E.C., e 4 Macabeus, que é de aproximadamente 40 E.C. A despeito de serem as mesmas histórias, os quatro relatos dão interpretações bem diferentes do martírio e apenas um menciona ressurreição corporal.

Eleazar

O ancião Eleazar aparece em 2Mc 6,18-31 e 4Mc 5,4-7.23. Na primeira história, sua morte é justificada dentro da tradição socrática da morte nobre (2Mc 6,19,23,28):

> Mas ele, preferindo morte gloriosa a uma vida em desonra, encaminhou-se espontaneamente para o suplício. Antes, porém, cuspiu [a carne], [...] Eleazar, porém, tomou uma nobre resolução, digna da sua idade, do prestígio que lhe conferia a velhice, da cabeleira branca adquirida com honra, da conduta excelente desde a infância, e digna, sobretudo, da santa legislação estabelecida por Deus. E, coerentemente, respondeu que o mandassem logo para o mundo dos mortos. [...] E aos jovens deixarei o exemplo de como se deve morrer honrosamente, com prontidão e valentia, pelas veneráveis e santas leis.

Mas a interpretação do seu martírio no último texto é muito diferente. O modelo não é tanto a morte nobre de Sócrates quanto a expiação vicária do Servo Sofredor (4Mc 6,28-29): "Sê compassivo para com teu povo, e deixe que nosso sofrimento sirva pelo dele. Faça do meu sangue sua purificação, e tome a minha vida em troca da deles".

32 | MORTE E RESSURREIÇÃO DE JESUS

Ainda se trata de teologia deuteronômica, porém cruzada com expiação vicária, de forma que Eleazar oferece sua morte inocente para contrabalançar a punição (a própria perseguição?) dos outros.

A mãe e sete filhos

O segundo conjunto de histórias aparece em 2Mc 7,1-41 e 4Mc 8,1-17.6. No segundo relato, a ênfase possivelmente está na imortalidade da alma, porém, mais enfaticamente, no triunfo supremo da razão sobre a emoção no martírio (4Mc 9.8 e 13.5):

> Porque nós, através deste sofrimento e resistência severos, teremos o prêmio da virtude e estaremos com Deus, por causa de quem sofremos.
> Como, então, se poderia falhar em confessar a soberania da reta razão sobre a emoção nestes que não foram dissuadidos por agonias ígneas?

No primeiro relato, no entanto, encontramos uma afirmação clara e completa da ressureição corporal, enfatizada até como impossibilidade física, mas, portanto, tanto mais inevitável (2Mc 7, 9-11.14.23.29):

> [...] "Tu, ó malvado, nos tiras da vida presente. Mas o rei do universo nos fará ressurgir para uma vida eterna, a nós que morremos por suas leis!" [...] Intimado a pôr a língua para fora, ele o fez imediatamente e com coragem estendeu as mãos, dizendo com serenidade: "Do céu recebi estes membros, e é por suas leis que os desprezo, pois espero dele recebê-los novamente". Estando para morrer, ele falou: "É melhor para nós, entregues à morte pelos homens, esperar, da parte de Deus, que seremos ressuscitados por ele. Para ti, porém, ó rei, não haverá ressureição para a vida!".
> "[...] Por isso, o Criador do mundo, que formou o ser humano no seu nascimento e dá origem a todas as coisas, ele, na sua misericórdia, vos restituirá o espírito e a vida. E isto porque, agora, vos sacrificais a vós mesmos, por amor às suas leis".
> "[...] Não tenhas medo desse carrasco. Ao contrário, tornando-te digno de teus irmãos, enfrenta a morte, para que eu te recupere com eles no tempo da misericórdia".

À parte desses comentários sobre a morte dos irmãos e de sua mãe, existe esta ocasião culminante com Razis, na qual a morte nobre militar (como Catão em vez de Sócrates) é combinada com a crença na ressureição corporal (2Mc 14, 41-46):

Quando as tropas estavam quase tomando a torre e já forçavam a porta do pátio, foi dada a ordem de trazer fogo para incendiar as portas. Então, Razis, cercado de todos os lados, atirou-se sobre a própria espada. Preferiu assim morrer nobremente, a cair nas mãos desses criminosos e sofrer ultrajes indignos da sua reputação. Contudo, não tendo acertado o golpe, por causa da precipitação da luta, e como as tropas já irrompessem pelos pórticos, ele correu animosamente para a muralha e jogou-se com valentia sobre a multidão. Recuando todos rapidamente, fez-se um espaço livre, no meio do qual ele caiu. Ainda respirando e com o ânimo inflamado, apesar de o sangue correr em borbotões e serem gravíssimos os ferimentos, ele se levantou. Passou correndo por entre os soldados e conseguiu subir a uma rocha íngreme. Então, já sem sangue, arrancou as próprias entranhas e, com as duas mãos, arremessou-as à multidão. Suplicando ao Senhor da vida e do espírito, para que os restituísse um dia, foi desse modo que ele morreu.

É nesses últimos textos de 2Mc que vemos, claramente e sem ambiguidades, que a ressurreição corporal não diz respeito à nossa sobrevivência, mas sim à justiça de Deus. A imortalidade da alma não dá conta disso, porque virá semelhantemente para todos. Mas os mártires foram degradados e brutalizados publicamente, torturados e assassinados *corporalmente* por fidelidade a Deus. De alguma maneira, em algum lugar, em algum tempo, portanto, este mesmo Deus deve preparar uma vindicação pública, visível, *e* corpórea (Deus deve triunfar, algum dia). Não daria conta falar simplesmente da punição dos perseguidores. Precisa haver também restauração *corpórea* para os perseguidos.

A ressurreição corpórea era parte do pacote de uma terra justificada, o último ato do *grand finale* da vindicação pública de Deus dos mártires assassinados e, por extensão, de todos os inocentes perseguidos. A ressurreição geral, dos justos para a vindicação e dos injustos para a punição, iniciava o evento escatológico final, o *grand finale* que estabeleceria um mundo perfeito, uma utopia divina aqui sobre esta terra. A ressurreição corporal iniciaria a grande limpeza do mundo por Deus.

PARTE II
O SIGNIFICADO DA RESSURREIÇÃO CORPORAL DE JESUS PARA JUDEUS CRISTÃOS DO PRIMEIRO SÉCULO

Quando, rebatidos contra todo esse pano de fundo, cristãos judeus falaram da ressurreição de Jesus, que pretendiam anunciar e que teriam

34 | MORTE E RESSURREIÇÃO DE JESUS

entendido os outros, crentes ou não, do que afirmavam? Três negações antes de uma resposta positiva.

Por "ressurreição" eles não queriam dizer simplesmente ressuscitação corporal

Com a última expressão, refiro-me às pessoas que são salvas da morte no último instante, ou que são revividas mesmo após o seu coração ter parado temporariamente, ou que voltaram de um coma similar à morte. Aqueles que falavam da ressurreição de Jesus insistiam que foi "após três dias" ou "no terceiro dia". Isso quando, na tradição judaica, era costumeiro visitar a tumba não apenas para lamentar, mas para ter certeza de que a pessoa estava definitivamente morta. É por isso, claro, que Jesus esperou até que "encontrou Lázaro já sepultado, havia quatro dias" (Jo 11,17), até que, portanto, estivesse morto segura e definitivamente. Quando os judeus cristãos falavam da ressurreição após ou no terceiro dia, insistiam que ele estivera real e verdadeiramente morto.

Por "ressurreição" eles não queriam dizer simplesmente aparição pós-morte

Esta distinção é ainda mais importante do que a anterior.

Primeiro, visões ou aparições de entes queridos mortos, especialmente daqueles que morreram súbita, trágica ou brutalmente, são parte normal da experiência humana. Por exemplo: com base no pano de fundo de sua própria experiência clínica como médica e psiquiatra, Stacy Davids apresentou um *paper*, não publicado, intitulado "Aparições do Jesus Ressurreto e a experiência do lamento" em uma reunião do *Jesus Seminar* em Santa Rosa, Califórnia, em 1995:

> [Uma] revisão de estudos bem dirigidos nas últimas três décadas mostra que cerca da metade até oitenta por cento das pessoas enlutadas sentem esta intuitiva, por vezes poderosa, "presença" ou "espírito" da pessoa morta... Essas percepções acontecem mais frequentemente nos primeiros meses que se seguem à morte, mas por vezes persistem por mais de um ano, com taxa significativamente maior de mulheres do que homens relatando esses eventos... A Associação Psiquiátrica Americana, autora do *The Diagnostic and Statistical Manual of Mental Disorders-IV*, considera tais fenômenos (quando "alguém ouve a voz ou transitoriamente vê a imagem da pessoa morta") como não patológicos. São vistos como características

comuns do luto normal e não atribuíveis a distúrbio mental... Parte do trabalho do luto implica recordação repetida, monótona, dos eventos que levaram até à morte, à medida que o que lamenta passa pela necessidade incessante de "achar sentido" no que aconteceu, tornar explicável e classificar isso entre outros eventos similares... Durante esse processo, registro acurado e o contar a vida da pessoa morta é de fundamental importância para o enlutado.

Segundo, estados alterados de consciência, tais como sonhos e visões, são algo comum à nossa humanidade, algo "programado" em nossos cérebros, algo tão normal quanto a própria linguagem. Eram reconhecidas como possibilidades comuns no começo do primeiro século e ainda são reconhecidas como tal no começo do século XXI. Como você as explica, e se as julga objetivas, subjetivas ou interativas é outra questão. Mas, apesar de casos possíveis de engano e charlatanismo, elas acontecem.

Terceiro, portanto, mesmo que ninguém tivesse mencionado isso no Novo Testamento, teria sido extraordinário *se não tivessem havido aparições* de Jesus a alguns de seus companheiros após a morte. Mas, e é isto que quero dizer, aparições de Jesus não constituem ressurreição. Elas constituem aparições, nem mais nem menos.

Por "ressurreição" eles não queriam dizer exaltação corpórea

Ficava bem na tradição judaica que uma pessoa muito santa pudesse ser alçada aos céus por Deus, pudesse escapar da morte, apodrecimento e xeol, mesmo antes que qualquer pessoa falasse de ressurreição corporal ou imortalidade espiritual. Assim, "como Henoc andasse com Deus, desapareceu, pois Deus o havia arrebatado" (Gn 5,24); "Henoc agradou a Deus e foi arrebatado ao paraíso, para levar a conversão às nações" (Eclo 44,16); "Mas ninguém, sobre a terra, foi criado igual a Henoc, o qual da terra foi arrebatado" (Eclo 49,16); e "Pela fé, Henoc foi levado, sem passar pela morte; não mais foi encontrado, porque Deus o levou. Antes de ser levado, porém, recebeu o testemunho de que foi agradável a Deus" (Hb 11,5).

Semelhantemente, quando Elias e Eliseu caminhavam e conversavam perto do Jordão, "um carro de fogo e cavalos de fogo os separaram um do outro; e Elias subiu ao céu num redemoinho" (2Rs 2,11). Isso é exaltação, assunção, ascensão ou apoteose, mas não é ressurreição. Poderia ter sido afirmado para Jesus como Messias, ou Filho de Deus, e bem pode ser exatamente o que foi afirmado em Fl 2,6-11 (a não ser que "debaixo da terra" em 2,10 se refira ao saqueamento do inferno).

Por "ressurreição" eles queriam dizer a ressurreição corpórea geral

Desta primeira seção acima, bem como das três negativas precedentes, apenas uma resposta positiva parece possível. Dentro da cultura judaica do primeiro século, falar da ressurreição de Jesus afirmava que *a ressurreição geral já havia começado*. Esta compreensão explica características da argumentação de Paulo em 1Cor 15.

Por um lado, ele fala da ressurreição de Jesus como "primícias do que morreram" (15,20), como o início de uma ressurreição como colheita e, claro, dessa metáfora não se esperaria um atraso prolongado, mas sim um processo rápido e contínuo até se completar a colheita.

Por outro lado, Paulo argumenta, lógica e repetidamente, em ambas as direções: da ressurreição de Jesus para a ressurreição geral e da ressurreição geral para a ressurreição de Jesus. Como acabamos de ver, esses dois eventos se sustentam ou caem juntos como princípio e final de um único processo. Então, temos, por exemplo, tais afirmações recíprocas em 1Cor. Primeiro, da ressurreição de Jesus à ressurreição geral: "Ora, se se prega que Cristo ressuscitou dentre os mortos, como podem alguns dentre vós dizer que não há ressurreição dos mortos?" (15,12). Segundo, e ainda mais enfatizado, da ressurreição geral para a ressurreição de Jesus: "Se não há ressurreição dos mortos, então Cristo não ressuscitou" (15,13). De novo: "Se os mortos não ressuscitam, estaríamos testemunhando contra Deus que ele ressuscitou Cristo enquanto, de fato, ele não o teria ressuscitado" (15,15). E de novo: "Se os mortos não ressuscitam, então Cristo também não ressuscitou" (15,16). Naturalmente, é claro, diante de sua compreensão judaica e farisaica da ressurreição corporal, não existe possibilidade de que Jesus fosse "erguido" como um privilégio especial e pessoal (algo como nepotismo ou "filhotismo" divino).

Duvido que possamos ouvir, após dois mil anos de Cristianismo, a originalidade atordoante daquela afirmação. Poderíamos pensar que o desconcertantemente original são as alegações da tumba vazia e das visões do Ressurreto, mas essas não são as alegações primárias. Espero que esteja claro, agora, que tais alegações secundárias não são suficientes em si mesmas para justificar a ressurreição como algo diferente da exaltação. Até o ponto de alguém tomar alguma ou todas elas como históricas (especialmente as aparições do Ressurreto, por exemplo, como componentes normais da profunda dor por uma morte súbita, brutal e terrível), podem ser úteis ou mesmo instrumentais para aquela asserção primária. Mas o que a causou, o que a tornou inevitável, foi a continuidade da realidade que experimentavam da afirmação do próprio Jesus de que se podia entrar *já* no Reino de Deus, que se podia *já* ter o Reino de Deus vindo sobre a sua vida, através de vidas vividas como a do próprio Jesus.

Essa, por exemplo, é a continuidade essencial de Jesus, que proclamava que o Reino de Deus *já* estava presente, e Paulo, que proclamava que a ressurreição geral *já* havia começado. Para ambos, não obstante a linguagem teológica diferente, a limpeza divina do mundo *já* tinha começado e convidava à participação humana para que pudesse continuar e ter sucesso.

Enfatizo imediatamente que essa originalidade não foi o que separou o Cristianismo do Judaísmo, mas sim um deslocamento profundamente criativo dentro das possibilidades da teologia judaica acerca da ressurreição corpórea geral. Essa ressurreição geral era pensada como sendo, por assim dizer, o *grand finale*, o ato final do drama apocalíptico. Alguém imaginaria um momento, um instante, ou, como os *Oráculos sibilinos* 2. 226 dizem, "corpos de humanos, tornados sólidos de modo celestial, respirando e colocados em movimento, serão erguidos em um único dia". Mas agora uma afirmação era feita de que, em vez de um instante ou momento, haveria um período ou processo. Haveria um princípio, um tempo presumivelmente curto (estavam errados nesta parte), e então o fim. E, era alegado, o começo do fim do final já havia acontecido.

Primeiro, repito o já citado, aquela consumação apocalíptica dizia respeito à justificação final e completa divinização desta terra. Segundo, se apenas fosse anunciada a iminência deste momento, as pessoas apenas poderiam crer ou descrer. Uma vez que era algo futuro, estava além de prova e refutação. Terceiro, se, no entanto, fosse anunciado que a nova criação de Deus, que o mundo justificado de Deus *já* estivesse presente, imediatamente seria solicitado a mostrar onde essa novidade poderia ser vista. Quarto, então, como será que Paulo poderia indicar as evidências presentes para a justificação já começada por Deus aos pagãos comuns, de mente aberta, quem sabe até piedosos? Talvez assim?

Imaginem Paulo explicando a ressurreição de Jesus a um cordial colega pagão enquanto trabalhavam em uma loja de couro ou tecido. Ou, ainda melhor, para a mulher que era dona da loja. Que é que poderia convencê-los de que a nova criação estava ao seu redor, não apenas iminente, mas já presente, não chegando logo, mas já iniciada? Que é que estaria em jogo para eles em tal conversação? Que é que os moveria, se o movimento fosse de fato possível, do "Oh! que legal para Jesus" para "eu creio"? Possivelmente, talvez fosse algo assim:

> O Deus de toda a criação, a quem o mundo pertence, é um Deus de justiça distributiva e não somente de poder absoluto. Aquele Deus começou a justificação culminante do mundo por erguer Jesus dos mortos e, portanto, negando o poder público, oficial e legal da Roma imperial. Mas onde e como, Paulo, isto está acontecendo?

Que é que Paulo poderia responder? Algo assim:

> Existe um pequeno grupo de nós, que se encontra todos os dias para oração naquela peixaria na esquina antes que ela abra. E, semanalmente, nos encontramos para partilhar metade de tudo o que produzimos com o trabalho da semana precedente. Chamamos esta refeição de ceia do Senhor, porque acreditamos que toda a criação pertença ao Senhor e que devemos partilhar a comida do Senhor igualmente entre nós. Partilhamos aquilo que não é nosso, e este é o tipo de refeição do Senhor, o estilo de ceia do Senhor. Então, eu te convido: venha e veja se Deus não está fazendo um mundo mais perfeito *já*, bem debaixo do nariz de vocês. E, a propósito, temos pequenos grupos semelhantes ao daqui em todas as cidades do Império Romano. Não é apenas quantos somos, mas o quanto estamos em todos os lugares. E quando um de vocês se voltar de César, que crucificou Jesus, para Deus, que crucificou Jesus, participa desta justificação do mundo. É uma escolha entre o César divino e o Jesus divino. Venha à loja do peixeiro daqui a dois dias e decida por si mesmo. Venha e veja como vivemos, então poderá decidir entre juntar-se a nós ou partir em paz.

Uma última questão. Judeus cristãos *poderiam* ter aceitado esta situação escatológica e ainda assim concluir que pureza e oração, esperança e santidade, paciência e expectativa fossem o que era requerido deles por um Deus que traria para dentro os gentios sem qualquer cooperação ou participação humana da parte deles. Foi, portanto, outro passo especialmente criativo para aqueles antes de Paulo, e do próprio Paulo, ir até eles e buscá-los, colaborar com Deus na salvação dos gentios. Onde sua tradição sugeria tal cenário apocalíptico? Tiago de Jerusalém, por exemplo, poderia tê-los aceitado em irmandade completa mesmo como homens incircuncisos, mas será que iria procurá-los, persuadi-los, convertê-los? Se a asserção de que Deus já havia iniciado a ressurreição geral com Jesus foi um primeiro passo atordoantemente original no Judaísmo cristão primordial, a asserção de que Deus esperava participação ativa na conversão dos gentios era um segundo passo igualmente atordoante.

PARTE III
DUAS OPÇÕES PRINCIPAIS PARA COMPREENDER RESSURREIÇÃO CORPÓREA

Estas duas opções interagem uma com a outra. A primeira concerne à distinção entre a ressurreição de Jesus como algo pessoal e individual, como algo acontecido a Jesus e somente a ele, e como algo comunal e estrutural, alguma coisa que aconteceu a Jesus como o líder daqueles que dormem (aquilo que eventualmente foi chamado de "descida ao inferno" ou "saqueamento do inferno"). A segunda concerne à distinção entre a linguagem literal e metafórica no discurso sobre a ressurreição corpórea de Jesus e/ou a ressurreição corpórea geral.

A ressurreição de Jesus como algo pessoal ou comunal?

A descrição de Paulo do Jesus Ressurreto em 1Cor 15,20 como "primícias dos que morreram" (literalmente: aqueles que dormiram, τῶν κεκοιμημένων) não nos fala, estritamente, se ele está imaginando Jesus erguendo-se sozinho ou à frente de todos os outros mártires judaicos ou mesmo de todos os judeus justos. Mas não consigo encontrar nenhum texto no qual Paulo indica conhecimento ou preocupação com uma ressurreição *corporativa* na qual a ressurreição do próprio Jesus causa e/ou lidera o erguimento dos santos anteriores. Em vez disso, encontro esta afirmação muito clara em 1Ts 4,14-17:

> Com efeito, se cremos que Jesus morreu e ressuscitou, cremos igualmente que Deus, por meio de Jesus, com ele conduzirá os que adormeceram. Eis o que temos a vos dizer, de acordo com a palavra do Senhor: nós, os vivos, os que ficarmos em vida até a vinda do Senhor, não passaremos à frente dos que tiverem morrido. Pois o Senhor mesmo, à voz do arcanjo e ao som da trombeta de Deus, descerá do céu. E então ressuscitarão, em primeiro lugar, os que morreram em Cristo; depois, nós, os vivos, que ainda estivermos em

vida, seremos arrebatados, junto com eles, sobre as nuvens, ao encontro do Senhor, nos ares. E, assim, estaremos sempre com o Senhor.

Jesus ressuscitou sozinho, mas logo todos os cristãos, quer vivos, quer recentemente mortos (martirizados?), se juntarão a ele na ressurreição. Ressurreição corporativa, sim, mas para futuros cristãos e não judeus do passado.

A frase de Paulo, "os que adormeceram [aqueles que dormiram]", é a mesma usada no fragmento hínico encontrado em Mt 27,51b-53: "a terra tremeu e as pedras se partiram. Os túmulos se abriram e muitos corpos dos santos falecidos [que dormiam ($\tau\tilde{\omega}\nu\ \kappa\epsilon\kappa\omega\mu\eta\mu\acute{\epsilon}\nu\omega\nu$)] ressuscitaram! Saindo dos túmulos, depois da ressurreição de Jesus, entraram na Cidade Santa e apareceram a muitas pessoas". Uma vez mais, falando estritamente, isso não menciona a descida ao inferno, mas é difícil explicar seu conteúdo contextual a não ser que Mateus ou o pré-Mateus quisesse incluir outros santos dentro e junto da ressurreição de Jesus. Não é um caso simplesmente de pedras fendidas ou mesmo de tumbas abertas na sexta-feira, mas sim desses fenômenos de modo que as pessoas erguidas pudessem aparecer após a ressurreição de Jesus no domingo. Poder-se-ia, claro, imaginar uma ressurreição corporativa sem visualizar uma descida ao inferno com esse relato, mas sim com uma visualização do processo divino anterior.

Tal "especulação" sobre uma ressurreição corporativa naquele último sentido "deve ter começado cedo, porque parece ser pressuposta em uma série de passagens (admitidamente) obscuras do Novo Testamento", que normalmente são hinos ou fontes hínicas. Os exemplos usuais são 1Pd 3,18-19; 4,6; Ef 4,8-10. E a essas adiciono o pensamento por trás de Mt 27,51b-53.

No *Evangelho de Pedro* 10,41-42 existe uma visão bem mais clara do saqueamento do inferno com Jesus liderando aqueles "que dormiram" na forma de uma grande procissão cruciforme (ou: na forma de uma cruz falante, se for preferido): "E eles ouviam a voz do céu dizendo: 'Você proclamou aos que dormiram ($\tau\acute{o}\iota\varsigma\ \kappa\omega\mu\omega\mu\acute{\epsilon}\nu\omega\iota\varsigma$)?'. E uma confirmação foi ouvida da cruz: 'Sim'".

Esse diálogo tenta, como fez Mateus em 27,51b-53, encaixar a descida ao inferno ou o saqueamento do inferno em uma sequência de eventos históricos. Mas, como já foi observado, esse fenômeno é usualmente aludido mais na poesia de hinos do que descrito na normalidade da prosa. Essa é uma visão da ressurreição corporativa, com o Jesus Ressurreto falando, nas *Odes de Salomão* 42,11-20, do final do primeiro século:

> Não fui rejeitado, embora tenha sido considerado assim,
> e não pereci, apesar de eles terem pensado isso de mim.
>
> Xeol me viu e foi estilhaçado
> e a morte ejetou a mim e muitos comigo...
>
> E aqueles que tinham morrido correram em minha direção.
> E clamavam e diziam: "Filho de Deus, tenha misericórdia de nós"...
>
> E abra para nós a porta
> através da qual poderemos ir a ti,
> porque percebemos que nossa morte não se aproxima de ti.
>
> Que sejamos também salvos contigo,
> porque tu és nosso salvador.
>
> Então eu ouvi a voz deles,
> e coloquei a fé deles em meu coração.
>
> Lá eu pus meu nome sobre suas cabeças,
> porque eles são livres e eles são meus.

Há algo muito triste sobre este hino belíssimo. À medida que o Cristianismo perdeu, lentamente, seu Judaísmo, não se importaria muito com os judeus mortos, não obstante justos, não obstante martirizados. Poderia esquecer que Jesus não foi o primeiro ou o último judeu a morrer em uma cruz romana. Mas uma ressurreição *corporativa* e não apenas *pessoal* seria presumida como o início da ressurreição geral que dizia respeito, repito, à justiça de Deus e não à nossa sobrevivência.

Ressurreição corpórea como algo literal ou metafórico?

Toda esta fé na ressurreição, a ressurreição corpórea de Jesus e/ou a ressurreição corpórea geral, seria literal ou metafórica? Não é fácil responder a isso pelos antigos que vieram antes de nós, uma vez que é igualmente difícil fazê-lo pelos modernos com os quais vivemos, e talvez mesmo por nós mesmos e para nós mesmos. Minha suposição (e pouco mais é do que isso) é que um espectro um tanto similar, que vai do mais literal ao mais metafórico, existia então assim como agora. Esperaria Paulo que um túmulo vazio existisse em algum lugar? Ou um corpo espiritual e uma nova criação tornariam tal pergunta absurda? Conquanto ele certamente concordasse com Lucas que o Senhor Ressurreto não era simplesmente um fantasma, tê-lo-ia imaginado comendo e bebendo para provar sua realidade?

Sugiro três conclusões em resposta a essas perguntas em curso, para serem sondadas tanto história quanto teologicamente. Primeiro, na história do Judaísmo e do Cristianismo, como eu a vejo, a fé esteve frequentemente e até talvez sempre certa no *quê* e *aquilo*, mas errada no *como* e *quando* do seu conteúdo. Segundo, concedo aos antigos o mesmo espectro entre 100% literal e 100% metafórico em questões de fé, assim como aos modernos. Mas, enfatizo, o metafórico é sempre metafórico *de algo* além de si mesmo. Se, por exemplo, a ressurreição de Jesus é tomada metaforicamente, ela anuncia a justificação divina do mundo, o que é algo literal, verdadeiro, histórico, algo real ou apenas discurso vazio. Teceiro, Paulo diz em 1Cor 15,14 que "se Cristo não ressuscitou, a nossa pregação é sem fundamento, e sem fundamento também é a vossa fé". Verdadeiro, é claro. Mas, então, assim é com seu reverso. Se nossa fé foi em vão (isto é, se não está tornando, visível e publicamente, o mundo mais divinamente justo), então a proclamação cristã foi em vão (isto é, não é sobre tornar o mundo mais divinamente justo), Cristo não foi erguido (isto é, como o *início* da ressurreição geral e consumação apocalíptica). Exaltado, talvez (como no Sl 2), mas certamente não erguido.

EPÍLOGO
A RESSURREIÇÃO DE JESUS NA ICONOGRAFIA ORIENTAL *VERSUS* ICONOGRAFIA OCIDENTAL

É padrão na iconografia da Cristandade oriental representar a ressurreição de Jesus não como a de um indivíduo isolado, mas como o libertador e líder dos santos que dormiam no inferno aguardando seu advento. Em outras palavras: o que o Cristianismo oriental chama de "saqueamento do inferno" o Cristianismo ocidental chama simplesmente de "a ressurreição". Um exemplo supremo apenas bastará.

A imagem mais magnífica do saqueamento do inferno está em um afresco no Museu Kariye Camii, de Istambul, que foi, outrora, a igreja principal do Monastério Chora, chamado *na chora* devido à sua localização *no campo*, fora dos muros da Constantinopla do quarto século. No lado sul do monastério existe um *parekklesion* ou capela funerária cujo ressalto oriental ilustra cenas do último julgamento. A imagem culminante na concha do ápice do teto é intitulada *Anastasis*, mas ilustrada como a ressurreição corporativa de *Jesus Cristo*, uma interpretação bastante padronizada na iconografia cristã bizantina.

Primeiro, no centro, um Cristo com roupas radiantes estende sua mão esquerda para arrancar Eva e estende a mão direita para arrancar Adão dos seus sarcófagos abertos em cada lado do afresco. Poderíamos pensar neles como modelos ruins em vez de maus, mas, por salvá-los, muitos mais podem ser imaginados que se encaixariam neste afresco. A seguir, à esquerda de Cristo (à direita do observador) está Abel e à sua direita (à esquerda do observador) está João Batista. Mártires são, de novo e sempre, enfatizados como o centro dos retos ou santos que esperam sua libertação em Cristo. Abel é o primeiro mártir do Antigo Testamento e João é o primeiro mártir do Novo Testamento. Finalmente, aqueles dois mártires gêmeos lideram os justos e retos do Antigo Testamento – representados por seis indivíduos atrás de cada um deles – para o céu com Cristo.

Abaixo dos pés de Cristo está um Satã amordaçado, atado e prostrado, e ao seu redor estão as trancas quebradas e as duas portas estilhaçadas do xeol/Hades/inferno. Cristo não se ergue sozinho, mas como o líder de todos os santos, porque como é que a justiça de Deus poderia ser estabelecida através de uma exclusividade para ele em vez de por uma comunidade com ele? Além disso, a entrada para o vestíbulo interno da igreja principal é uma imagem do *Cristo Pantokrator* em mosaico dourado. Ele é chamado, em um trocadilho soberbo, como *Jesus Cristo, a Chora (campo) dos que vivem*. Exatamente ou, como Jesus disse em Mc 12,27, Deus "é Deus não de mortos, mas de vivos".

Finalmente, esta visão da ressurreição corporativa como libertação por Jesus "daqueles que dormem" teria sido, em qualquer momento, tomada literalmente? Se tivesse sido, seria preciso imaginar muitas tumbas vazias em torno de Jerusalém, e não aquela única do próprio Jesus. Que dizer, por exemplo, das tumbas dos profetas? Esta ressurreição corporativa é o argumento mais forte para uma compreensão metafórica da ressurreição. Enquanto Deus nos chama para uma escatologia colaborativa, aquele grande registro de injustiça deve ser reconhecido primeiro e saldado, porque nós não podemos seguir em direção a um futuro justo sem qualquer tipo de remédio para um passado injusto.

Hino a um Deus selvagem (Sobre o filme de Mel Gibson, *A Paixão de Cristo*)

John Dominic Crossan

Raymond Arroyo: Há uma sensação de beleza na violência, não sei bem se me expresso corretamente, você sente isso?

Mel Gibson: Bom, sim, eu sinto, quero dizer, há uma clara intenção em fazer isso. Para torná-la lírica, tornar a violência lírica. De certa maneira, encontrar a beleza nela.

(De uma entrevista de Mel Gibson sobre seu filme para *The World Over Live*, na Roman Catholic Eternal Word Television, transmitida pela primeira vez em 23 de janeiro de 2004.)

Abertura autobiográfica

Eu vi o filme de Mel Gibson, *A Paixão de Cristo*, em 21 de janeiro, e tive um mês inteiro para pensar sobre ele antes de vê-lo novamente na sua estreia oficial nos Estados Unidos em 25 de fevereiro de 2004. Mas também trouxe até ele um problema que encontrara forçosamente quarenta anos antes. Principio com estas anedotas autobiográficas porque elas sempre foram constitutivas para minha própria compreensão da Paixão como história, encenação ou filme.

No ano de 1960 estava em estudos de pós-doutorado no Pontifício Instituto Bíblico em Roma, e minha ordem religiosa me enviou, como um padre monástico ordenado, para ser o capelão de uma peregrinação católico-romana através da Europa. Como tal, naquele ano assisti à encenação da Paixão de Oberammergau, a segunda após a Segunda Guerra Mundial, numa versão que não havia mudado desde que Hitler a assistira em 1930 e 1934, uma vez antes e outra após tornar-se chanceler da Alemanha. "É vital que a encenação da Paixão seja continuada em Oberammergau", disse ele quase uma década depois, porque nunca a ameaça dos judeus foi tão convincentemente retratada como nesta apresentação do que aconteceu na época dos romanos. Nela, pode-se ver em Pôncio Pilatos um romano tão superior racial e intelectual-mente que se destaca como uma rocha firme, limpa, no meio do lodo pantanoso do Judaísmo.

Só li esta declaração obscena muitos anos depois, mas já em 1960 e não apenas retrospectivamente percebi um problema muito sério com tal dramatização.

A encenação de Oberammergau principiava no Domingo de Ramos, com uma multidão vociferando a favor de Jesus ("Hosana!"), e concluía na Sexta-feira Santa com a multidão tão vocalmente anti-Jesus ("Crucifica-o"). É, obviamente, a mesma multidão de crianças, mulheres e homens (cerca de 250, estimo – o imenso palco fica lotado) em ambas as ocasiões. Nada disso era novo para mim como uma história, mas, quando a vi visualmente como uma encenação, percebi algo que nunca me ocorrera quando a lia verbalmente, na forma de texto. Isto não fazia, pensava eu, nenhum sentido narrativo. Por que a multidão havia mudado e por que isso não era explicado na sequência da encenação? Colocando isso diretamente, diga-se o que se disser sobre a encenação do ponto de vista histórico ou teológico, ela era, artisticamente, uma história não convincente, uma narrativa defeituosa.

Trabalhando a partir desta questão fundamental, uni-me ao Rabbi Schaalman em uma série de TV de Chicago, a qual intitulamos *Deicide and Genocide* [Deicídio e genocídio] no início dos anos 1960, e publiquei meu primeiro artigo acadêmico sobre "Anti-semitism and the Gospel" ["Antissemitismo e o Evangelho"] no periódico *Theological Studies* [*Estudos Teológicos*] de 1965 (26: 189-214). Anos atrás perdi minha própria cópia, mas consegui uma fotocópia da DePaul University depois de ter visto o filme de Mel Gibson. Muito do artigo era sobre a discrepância da multidão, exatamente como me recordava, e esta foi a minha conclusão:

A evidência [dos Evangelhos] aponta explícita e definitivamente contra qualquer multidão jerosolimita representativa clamando pela morte de Jesus; é bastante possível que a multidão perante Pilatos estivesse interessada primariamente em Barrabás por ser um herói rebelde, e em Jesus apenas na medida em que este se constituía uma ameaça à libertação de Barrabás (p. 204).

Cito minha opinião quando um tanto mais jovem não para argumentar que a consistência estabelece a precisão, mas sim para enfatizar que minhas perguntas iniciais sobre a identidade, propósito e número da "multidão" anti-Jesus perante Pilatos foram por quarenta anos formativas para mim em muitos níveis.

Regressei em 2000 para assistir à encenação uma vez mais. Através da cortesia e generosidade da professora Ingrid H. Shafer, da Universidade de Ciência e Artes de Oklahoma, pude estudar a sua tradução para o inglês do texto antes que eu e Sarah fôssemos para lá no final de agosto. Apesar de ter recebido um texto em inglês e alemão juntamente com meu ingresso, dificilmente teria sido possível assistir e ler simultaneamente, então o que eu registro a seguir é fruto de preparação preliminar.

Por um lado, o versículo infame em Mt 27,25, no qual "o povo todo respondeu: 'Que o sangue dele recaia sobre nós e sobre nossos filhos'", agora está totalmente ausente. Por si mesma, essa frase significava que os falantes aceitavam a responsabilidade pela sentença de morte. Foi, muito provavelmente, criação do próprio Mateus interpretando a destruição de Jerusalém em 70 E.C. como o resultado inevitável e a punição divina por essa responsabilidade. Mas, após isso, foi frequentemente a base da acusação cristã de deicídio contra o próprio Judaísmo. "O povo" significava o povo judeu de todas as épocas e todos os lugares passados, presentes e futuros. Porém, é claro, mesmo que a afirmação de Mateus fosse tomada como sendo factual e histórica, não implicaria mais do que os judeus de então e depois disso mais do que o julgamento de Pilatos implicaria todos os italianos em qualquer lugar para sempre.

Por outro lado, conquanto algumas mudanças sejam verdadeiras melhorias, suas estatísticas detalhadas não o são. A pergunta-chave é se deveria haver então e deve haver hoje duas opiniões sobre Jesus, uma completamente a seu favor e outra completamente contra ele. Será que a encenação deveria mostrar tal divergência e debate dentro de Jerusalém acerca de Jesus? E se assim for, quão equitativa ou claramente deveria ser representada? Aqui estão as mudanças e suas estatísticas.

No segundo ato, por causa da aclamação da multidão à entrada de Jesus em Jerusalém, há um debate sobre ele entre as autoridades sumo sacerdotais. Há nove indivíduos que falam contra ele 65 vezes, e há três indivíduos que falam a seu favor um total de dezoito vezes. Isso é um debate muito maior do que encontramos nos Evangelhos e as três últimas vozes que são ouvidas são as dos falantes pró-Jesus. Ainda assim, o desequilíbrio é bastante pesado.

No sétimo ato, no "interrogatório", Caifás fala quatorze vezes e Anás cinco vezes contra Jesus, mas Gamaliel fala a seu favor seis vezes. Uma vez mais debate, e uma vez mais desequilíbrio.

No nono ato, chegamos ao clímax do julgamento perante Pilatos e a interação crucial entre as autoridades sumo sacerdotais, as multidões gritando e o governador relutante. A multidão é agora dividida em quatro segmentos: multidão A, B, C e D. A primeira tríade grita contra Jesus 41 vezes, seja como unidades isoladas, seja combinadas, e a multidão D grita a seu favor três vezes. Cada multidão tem também um líder, mas enquanto o falante pró-Jesus é denominado "líder do povo D" (*D Volksführer*) e fala duas vezes, o seu oponente é simplesmente o "líder do povo" (*Volksführer*) e fala oito vezes. Uma vez mais, existe algum debate, mas aqui o desequilíbrio opera mais fortemente. Além disso, todos esses números vêm de uma leitura preparatória atenta do texto. Nada disso é muito evidente para uma audiência que, sabendo ou não alemão, vê e ouve toda uma multidão muito grande gritando por Barrabás e contra Jesus, todos exigindo "crucifica-o, crucifica-o".

Tendo visto a versão inalterada de 1960 e a versão modificada de 2000, estou convicto de uma opinião. Não importa como esta encenação continue mudando, o cerne do seu problema não são os intérpretes bávaros, mas sim os escritores dos Evangelhos. Eis a questão básica. Mesmo que tudo nas narrativas da Paixão fosse histórico, elas não justificariam por um instante sequer o antijudaísmo teológico ou o antissemitismo racial. Afinal, que *é* história exatamente ali? Especificamente, por aqui e por agora, como nós lemos o cenário central da anistia aberta e da(s) multidão(ões) a gritar, de Barrabás e Jesus, do Caifás exigente e do Pilatos relutante, da inocência romana e da responsabilidade judaica? Isso é fato ou ficção, história ou parábola? Essas foram questões que eu trouxe ao filme de Mel Gibson, mas, após tê-lo visto, tinha também perguntas mais profundas.

EVANGELHO E FILME

Naquela entrevista à Eternal Word Television Network (EWTN) em epígrafe, Mel Gibson falou contra os

> que aderem a algo chamado método histórico-crítico que remove a divindade e olha meramente o nível natural [...] eles falam sobre o Jesus bíblico,

e o Jesus histórico, qual é a diferença? Diga-me, qual é a diferença? João era uma testemunha ocular, isto não é história? Mateus estava lá, isto não é história?

Sendo eu próprio um dos que aderem ao método histórico-crítico, deixe-me tentar mostrar "qual é a diferença" através de um exemplo – a "multidão". Como, à luz e sob tutela do Evangelho quádruplo, alguém deveria compreender mentalmente e então representar visualmente aquela "multidão" exigindo perante Pilatos a crucificação de Jesus?

Meu propósito aqui não é levantar perguntas de historicidade radical, como fiz no livro de 1995 *Quem matou Jesus?* De modo a debater mais precisamente com este filme, faço uma pergunta mais simples e superficial. Este filme se baseia nos Evangelhos? Naquela mesma entrevista à EWTN, houve o seguinte diálogo:

> *Mel Gibson*: Para criar uma experiência da Paixão para a audiência como eu a imaginava e a via, utilizei vários materiais como fonte, mas principalmente os Evangelhos, e claro que material como a obra de Catherine Emmerich para recheá-los.
>
> *Raymond Arroyo:* Que você quer dizer com isso? Como os Evangelhos foram a fonte primária? Que você fez com a obra de Emmerich?
>
> *Mel Gibson:* Era excelente para detalhamento e por suas passagens provocadoras de reflexão.
>
> *Raymond Arroyo:* Trata-se da *Dolorosa Paixão* [*de Nosso Senhor Jesus Cristo a partir das meditações de Anne Catherine Emmerich*]?
>
> *Mel Gibson:* Sim. Eu utilizei esta obra como pano de fundo de leitura, e ela não contradiz os Evangelhos em nenhum lugar, é apenas para detalhe, detalhe que você não precisa crer, mas que é interessante justaposto aos quatro testemunhos aceitos.

Penso que uma conta mais correta seria algo deste tipo: neste filme, cerca de 5% vem dos Evangelhos, isto é, a estrutura geral e sequência de eventos; cerca de 80% vem de Emmerich, isto é, os detalhes e os personagens que carregam o melhor e o pior dos acréscimos e expansões não evangélicos; e cerca de 15% do próprio Gibson, isto é, tudo que amplia a violência além daquela que já prevalecia em Emmerich. Inicio focalizando o Evangelho.

Primeiro, e genericamente, é na melhor das hipóteses não evangélico e na pior das hipóteses antievangélico encenar uma Paixão destituída do

Ministério antes dela e da Ressurreição após ela. Todos os Evangelhos têm uma certa razão de capítulos para a equação Ministério : Paixão : Ressurreição. Marcos apresenta 13: 2 : 1, Mateus 25: 2: 1, Lucas traz 21: 2: 1, e João 17: 2: 2. Em outras palavras: enquanto a vida pode ser curta ou longa, é sempre muito, muito mais longa do que a morte. Mesmo antes de iniciarmos qualquer resenha, então, não é "fiel aos Evangelhos" fazer uma história, encenação ou filme apenas da Paixão. De fato, para os cristãos que creem que esses Evangelhos foram inspirados por Deus tanto como versões individualizadas quanto como um cânon quádruplo, é estranho tanto integrá-los em uma só narrativa quanto reduzir esta unidade apenas à Paixão. Será que alguns cristãos têm problemas com a sua diversidade inspirada?

Segundo, e especificamente, regresso, após quarenta anos, àquela "multidão" perante Pilatos clamando pela crucificação de Jesus. Quando lemos os Evangelhos ou mesmo Emmerich, podemos deixar na mente a "multidão" como vaga e indeterminada, de fato podemos até nem pensar muito nela. Mas em uma encenação ou em um filme você precisa contratar extras, e isso exige uma conta exata. Gibson encheu as ruas da Jerusalém de então e de nossos cinemas de agora com uma multidão muito grande, difícil até mesmo de estimar, porque ela constantemente transbordava das telas. Como Gibson teria estimado e estabelecido seu número? Como ele sabia quantas pessoas havia naquela "multidão"? Pelos Evangelhos? Esqueça-se de Gibson e mesmo de Emmerich por um instante e releia o relato em Mc 11-14 e então 15,6-9. Leia lentamente, cuidadosamente, pensativamente, e lembre-se de que Marcos não é apenas o mais antigo dos quatro Evangelhos, mas também, com quase certeza, é a fonte de Mateus e Lucas e provavelmente também de João. Siga a lógica narrativa da história, quer você a considere como um evento histórico, quer como uma parábola marcana. À medida que ler, pense nestas três perguntas: qual é a *identidade*, o *propósito* e o *tamanho* daquela multidão exigindo a crucificação de Jesus perante Pilatos?

Identidade

O filme não inicia sua história da Paixão no início da Semana Santa. Não inicia no Domingo de Ramos com a entrada antitriunfal de Jesus em Jerusalém como ocorre, por exemplo, na encenação clássica da Paixão de Oberammergau. O filme omite, portanto, os relatos evangélicos daqueles dias que vão da manhã de domingo à noite da quinta-feira. Mas, em cada um e em todos esses dias, a "multidão" judaica é descrita como dando

HINO A UM DEUS SELVAGEM | 51

apoio diretamente a Jesus, indiretamente protegendo-o da autoridade sumo sacerdotal que se opõe a ele, de acordo com o Evangelho de Marcos.

No domingo,

> muitos (*polloi*) estenderam seus mantos no caminho, enquanto outros espalharam ramos apanhados no campo. Os que iam à frente e os que vinham atrás clamavam: "Hosana! Bendito o que vem em nome do Senhor! Bendito seja o Reino que vem, o Reino de nosso Pai Davi! Hosana no mais alto dos céus!" (Mc 11,8-10).

Na segunda-feira, após o incidente no templo, "os sumos sacerdotes e os escribas ouviram isso e procuravam um modo de matá-lo. Mas tinham medo de Jesus, pois a multidão (*pas ho ochlos*)estava maravilhada com o ensinamento dele" (Mc 11,18).

Na terça-feira, após o louvor de Jesus a João Batista, "eles tinham medo do povo [da multidão (*ochlon*)], já que todos diziam que João era realmente um profeta" (11,32). Após isso, "eles procuravam prender Jesus, pois entenderam que tinha contado a parábola [a dos vinhateiros maus] com referência a eles. Mas ficaram com medo da multidão; por isso, deixaram Jesus e foram embora" (Mc 12,12). Ainda mais tarde neste mesmo dia, "a grande multidão (*polus ochlos*) o escutava com prazer" (Mc 12,37)

Finalmente, na quarta-feira, "os sumos sacerdotes e os escribas procuravam um modo de prender Jesus e matá-lo à traição, pois diziam: 'Não na festa, para que não haja tumulto entre o povo (*tou laou*)'" (Mc 14,1-2). Em outras palavras: eles tinham finalmente abandonado qualquer esperança de executar Jesus precisamente por conta do apoio popular. Este, claro, é o porquê dos serviços de Judas, uma prisão noturna em segredo e uma execução rápida serem necessários para remover Jesus. Judas lhes oferece uma solução para o impasse – ele ajudará a prender Jesus longe das multidões, à noite. Observem, aliás, que Gibson inicia com esses dois elementos, mas não oferece nenhuma explicação de sua necessidade. Mas, se Mc 11-14 enfaticamente insiste na "multidão" pró-Jesus, de onde vem a "multidão" anti-Jesus em Mc 15? Estaria Marcos escrevendo acerca de uma "multidão" diferente? Observe a sequência de seus versículos.

Propósito

Marcos diz, primeiro, que Pilatos estabelecera uma anistia pascal: "Por ocasião da festa, Pilatos costumava soltar um preso que eles mesmos

52 | MORTE E RESSURREIÇÃO DE JESUS

pedissem" (15,6). Era uma anistia aberta, porque a multidão, e não o governador, escolhia o indivíduo a ser libertado.

Após isso, Marcos observa que "havia ali o chamado Barrabás, preso com amotinados que, numa rebelião, cometeram um homicídio" (15,7). Esses eram, em outras palavras, lutadores judaicos pela liberdade, assim como, se posso me expressar assim, o herói escocês de *Coração valente* ou o herói americano de *O patriota* (um filme transmitido, incidentalmente, por uma grande emissora dos Estados Unidos no horário nobre do Domingo de Páscoa).

Naturalmente, portanto, "a multidão chegou e pediu que Pilatos fizesse como de costume" (Mc 15,8). Esta sequência marcana é muito clara. A "multidão" vem requisitar a liberdade para Barrabás, isto é, eles vêm *por* Barrabás e não *contra* Jesus.

Finalmente, confrontado pela possibilidade indesejável da soltura de Barrabás, Pilatos lhes oferece, então, Jesus. É claro que ele preferiria oferecer a liberdade ao Jesus não violento em vez do Barrabás violento. Nós sabemos da opinião de Pilatos porque, quando ele prendeu os seguidores de Barrabás (dois dos quais morreram ao lado de Jesus), ele não prendeu os discípulos de Jesus. Essas eram duas respostas administrativas diferentes apropriadas a dois líderes que se opunham à lei e à ordem romanas, um através da rebelião violenta, o outro através da resistência não violenta. Assim, portanto, "Pilatos respondeu-lhes: 'Quereis que eu vos solte o Rei dos Judeus?'" (15,9). Talvez Pilatos pensasse que Jesus era inocente mas, mais provavelmente, ele simplesmente sabia que Jesus era uma ameaça menor do que Barrabás. Em outras palavras: para Marcos, existem duas "multidões". Há uma multidão geral e presumivelmente muito maior que é pró-Jesus ao longo dos capítulos 11-14 e uma multidão particular e presumivelmente muito menor que era diretamente pró-Barrabás e apenas indiretamente anti-Jesus em 15,6-9.

Tamanho

Dado esse propósito, e quer tomemos a narrativa marcana de Barrabás/Jesus como ficcional ou factual, parabólica ou histórica, quão grande deveríamos imaginar que essa "multidão" fosse? Quantas pessoas havia nela, levando em conta, é claro, que o tamanho da "multidão" é sempre relativo à situação ("dois são companhia, três são uma multidão"). Quantos formam uma "multidão" no Salão Oval da Casa Branca? Talvez quinze? Quantos constituem uma "multidão" no *Super Bowl* da National Football League (NFL)? Talvez 75 mil?

Primeiro, na Páscoa, milhares de judeus se concentravam na área relativamente pequena ao redor do templo para celebrar a libertação do cativeiro egípcio, isso enquanto se encontravam sob domínio romano. Do ponto de vista imperial, a atmosfera era a de um barril de pólvora, a tolerância para distúrbios era zero, e o governador se fazia presente para garantir a ordem. Por exemplo: de acordo com o historiador judaico Josefo, em *A guerra dos judeus* II,10-13 = *Antiguidades judaicas* XVII, 213-18, "cerca de três mil" morreram em uma rebelião em 4 a.E.C. e, em *A guerra dos judeus* II,224-227 = *Antiguidades judaicas* XX,106-112, "mais de trinta mil pereceram" em outra rebelião por volta do ano 50 E.C.

Segundo, dois autores judaicos contemporâneos retratam Pilatos com características que claramente contradizem as características que os Evangelhos apresentam. Uma delas é sua maneira de administrar a justiça, a outra é sua maneira de lidar com as multidões.

A *Embaixada a Gaio*, do filósofo Fílon, descreve Pilatos como "um homem de inclinação bastante inflexível, muito pouco misericordioso, bem como muito obstinado". Fala de "sua corrupção, e seus atos de insolência, e sua rapina, e seu hábito de insultar o povo, e sua crueldade, e seus constantes assassinatos de pessoas sem julgamento e sem condenação, e sua incessante, gratuita e grave desumanidade". Pilatos era "excessivamente iracundo, e [...] sempre um homem das paixões mais ferozes" (301-303). Pilatos é, para Fílon, o garoto-propaganda de um mau governador.

O historiador Josefo registra em *A guerra dos judeus* II,172-177 = *Antiguidades judaicas* XVIII,55-62 que uma multidão anônima compareceu perante o tribunal de Pilatos em Cesareia para exigir que ele removesse de Jerusalém as imagens pagãs em seus estandartes militares. Ele os cercou de "três fileiras" de soldados, e só se salvaram da carnificina por sua disposição ao martírio. Mas, na vez seguinte em que tentaram a mesma resistência não violenta, Pilatos infiltrou entre eles soldados "vestidos com trajes judaicos, sob os quais portavam porretes", e "muitos deles foram na verdade mortos no local, enquanto alguns recuaram aturdidos pelos golpes". Finalmente, de acordo com *Antiguidades judaicas* XVIII,85-95, o governador da Síria, Vitélio, destituiu Pilatos do cargo e o enviou de volta a Roma para defender-se diante do imperador Tibério. Poderíamos adivinhar por qual ofensa? Seus soldados atacaram um

54 | Morte e ressurreição de Jesus

multidão samaritana no monte Garizim. O sumo sacerdote Caifás, aliás, também foi removido do cargo na mesma ocasião e esse fato pôs termo à sua colaboração de dez anos com Pilatos, uma colaboração que por fim foi julgada equivocada até mesmo pelos interesses imperiais romanos.

Terceiro, o propósito da multidão marcana era solicitar anistia para alguém que podiam considerar um lutador libertário e heroico, porém que Pilatos julgava um bandido assassino. Nessa situação, eles próprios poderiam ter sido presos facilmente, pelo menos como simpatizantes de Barrabás, se não até como seus seguidores. Recordemos, por exemplo, que José de Arimateia precisou de "coragem" mesmo para requisitar a Pilatos o cadáver de Jesus, em Mc 15,43 (apenas). Aquela "multidão" precisava parecer pacífica, respeitosa, e muito, muito educada.

Quando, portanto, eu junto o contexto perigoso da Páscoa, o caráter volátil de Pilatos e o propósito dificultoso do pedido, minha melhor reconstrução histórica visualiza uma "multidão" (*ochlos*) marcana com certamente menos de uma dúzia de pessoas. Mas também fica absolutamente claro que, quando os Evangelhos posteriores copiam sua fonte marcana, eles tanto modificam o propósito quanto expandem o tamanho (muito pequeno) da multidão original.

Mudança de propósito

Percebamos agora como Lucas e João recontam Marcos de modo que a multidão vem *contra* Jesus em vez de *por* Barrabás. Em Lucas, a sequência marcana é invertida, de modo que "os chefes dos sacerdotes e as multidões (*ochlous*)" em 23,4 ou "o sumo sacerdote, os líderes e o povo (*laon*)" em 23,13 já lá estão acusando Jesus. Observemos a sequência: "Toda a multidão começou a gritar: 'Fora com ele! Solta-nos Barrabás!'. Barrabás tinha sido preso por causa de uma rebelião na cidade e por homicídio. Pilatos falou outra vez à multidão, pois queria libertar Jesus. Mas eles gritavam mais alto: 'Crucifica-o! Crucifica-o!'" (23,18-21).

Semelhantemente, em João, o próprio Pilatos levanta a questão da anistia: "'Mas existe entre vós um costume de que, por ocasião da Páscoa, eu vos solte um preso. Quereis que eu vos solte o Rei dos Judeus?' Eles, então, se puseram a gritar: 'Este não, mas Barrabás!' Ora, Barrabás era um assaltante" (18,39-40). Dificilmente poder-se-ia dizer, com base nessas mudanças, que a multidão tivesse vindo originalmente *por* Barrabás e não *contra* Jesus e apenas se tivesse tornado anti-Jesus quando Pilatos tentou trocar os prisioneiros.

Aumento de tamanho

Pode-se perceber mais claramente o processo de expansão mais claramente em Mateus. Ele inicia aceitando em 27,15 a "multidão" (*ochlos*) de Marcos, mas de novo a expande exponencialmente para "todo o povo (*laos*)" em 27,25. E, claro, como todos sabem, João modifica todas essas opções para "os judeus" (18,31,36,38; 19,7). Essas expansões, no entanto, devem apenas ser lidas e compreendidas como significando: *todo o povo (Mateus e Lucas) judaico (João) naquela multidão muito pequena (Marcos).*

SCRIPT E FILME

Leia primeiro o livro, depois assista ao filme. O livro não é o Novo Testamento, no qual a diversidade quádrupla dos seus Evangelhos deve, é claro, ser integrada em uma narrativa única, consecutiva, para qualquer história da Paixão, encenação da Paixão ou filme da Paixão. Isso sempre requer que se façam decisões e se escolham opções que revelam tanto os propósitos quanto os preconceitos. Nesse caso, e além de qualquer condensação desse tipo, o filme de Mel Gibson se baseia intimamente na *Dolorosa Paixão de Nosso Senhor Jesus Cristo a partir das meditações de Anne Catherine Emmerich* (Rockford, Illinois: Tan Books, 1983). O livro dela é o *script* para o filme e, de fato, a escolha do elenco poderia se basear em algumas das suas descrições de personagens. É impossível supervalorizar este ponto. Se Mel Gibson tivesse recebido um Oscar de melhor diretor por este filme, Emmerich deveria receber o de melhor roteiro adaptado (ou deveria ser "roteiro original"?). Se o livro dela ainda estivesse sob *copyright*, Mel Gibson agora estaria perante o tribunal. Se precisão ou mesmo cortesia fossem buscadas, os créditos de abertura deveriam exibir: *Um filme de Mel Gibson*, seguido por: *Baseado no livro de Anne Catherine Emmerich.*

É certamente fascinante considerarmos que uma campanha publicitária magnífica nos Estudos Unidos conseguiu persuadir milhares de cristãos conservadores, evangelicais ou fundamentalistas a apoiar entusiasticamente um filme do início do século XXI baseado apenas indiretamente nos Evangelhos, mas diretamente em um romance histórico baseado nas meditações visionárias de uma freira católico-romana do início do século XIX. Será que a assim chamada – por Gibson – "evangelização" do filme converterá pagãos em cristãos e cristãos em católicos?

56 | MORTE E RESSURREIÇÃO DE JESUS

Se não o fizer, é claro, de acordo com a sua própria teologia, tais cristãos não católicos irão para o inferno de qualquer modo. Recordemos este diálogo entre Peter J. Boyer e Mel Gibson, em uma entrevista publicada em 15 de setembro de 2003 pela *New Yorker*:

> Eu disse a Gibson que sou protestante e perguntei se sua visão de mundo pré-Concílio Vaticano II me desqualificaria da salvação eterna. Ele pausou. "Não há salvação para aqueles que estão fora da Igreja", disse. "Eu creio nisso." Ele explicou: "Veja assim. Minha esposa é uma santa. Ela é uma pessoa muito melhor do que eu sou. Honestamente. Ela é, tipo, episcopal, da Igreja Anglicana. Ela reza, ela crê em Deus, ela conhece Jesus, ela crê nestas coisas. E simplesmente não é justo que ela não chegue lá, ela é melhor do que eu sou. Mas trata-se de uma afirmação da cátedra. Eu a admiro".

Na verdade, essa cátedra de São Pedro foi *re*-estofada no Concílio Vaticano II, mas Mel Gibson ainda vive declaradamente dentro dos limites do Concílio Vaticano I.

A introdução não assinada à minha cópia do livro de Emmerich afirma que "é nosso dever aqui claramente afirmar que [as meditações dela] não têm qualquer pretensão de ser consideradas como *história*" (p. xix, itálicos constam no original). Também, neste volume, as meditações são precedidas por uma biografia curta de um contemporâneo que a conheceu. Ele afirmou que "ela não considerava [suas visões] como tendo qualquer valor histórico" (p. 35). Mas é esta *expansão ficcional do Evangelho* que é o *script* básico para este filme de Mel Gibson. Um Evangelho condensado era, claro, a base para os detalhes imaginários de Emmerich, mas, dado isso, *o livro de Emmerich forneceu o script do filme de Gibson*.

Há duas notas de rodapé para este fato. Aqueles judeus e cristãos que estavam apreensivos quanto ao filme antes de a ele assistirem não tinham simplesmente preconceito contra Gibson, o Cristianismo ou o Catolicismo romano. Se tinham lido Emmerich, tinham ampla razão para sua preocupação. Li o livro dela pela primeira vez em junho de 2003, e apenas porque o filme por vir seria baseado nele. Na verdade, nem seria necessário surrupiar o *script* definitivo do filme para avaliá-lo quanto ao possível antissemitismo. O seu *script* básico já estava no domínio público desde 1833, exatamente cem anos antes de Hitler se tornar chanceler da Alemanha.

Anne Catherine Emmerich era uma freira agostiniana, uma mística extática e portadora de estigmas, que viveu de 1774 a 1824 na Vestfália alemã, em um tempo e lugar em que era ainda mais difícil que o normal ser qualquer uma dessas coisas. Sua vida foi de pobreza, dificuldades e sofrimento, com a sua última década vivida acamada, em dor constante. Naquela que seria sua última Quaresma, ela teve visões da Paixão de Jesus e, sem inflingir-lhe a indignidade da "psicologia pop", é muito compreensível que seus próprios sofrimentos físicos tenham se fundido e unificado com os do seu amado Senhor. Suas meditações foram registradas pelo poeta Clemens Brentano, de modo que é impossível dizer onde termina a freira e começa o poeta.

Não são as diversas narrativas da Paixão dos Evangelhos, mas sim a visão única da Paixão de Emmerich que compõe o *script* do filme, e os primeiros só estão lá como já integrados em uma narrativa contínua. Ainda, é preciso admitir que a dependência clara e explícita corre risco de um acusação de plágio. Também, essa dependência tem importantes consequências, uma vez que, quando o diretor-produtor modifica a meditação-*script*, vemos sua mente e intenção operando mais claramente, seja no que tange aos judeus, aos romanos, seja ao aumento generalizado da violência.

Culpabilidade judaica

Existe um *leve* ponto/contraponto na descrição de Emmerich dos judeus não cristãos. Por um lado, existe uma constante ênfase no conluio demoníaco, como, por exemplo, na audição perante Caifás:

> Pareceu a mim que via sentimentos de ódio e fúria eclodirem em diferentes partes da cidade, sob forma de labaredas [...] aumentando a cada instante, e finalmente [elas] vieram pousar sob o tribunal de Caifás [...] eu percebi a bocarra abissal do inferno como um meteoro flamejante aos pés de Caifás; estava cheia de demônios; apenas uma pequena gaze parecia separá-lo das suas labaredas escuras. Eu podia ver a fúria demoníaca com a qual seu coração transbordava, e toda a casa me parecia como o próprio inferno (p. 147 e 163).

Além disso, ainda perante Caifás, Mc 14,65 diz: "Alguns começaram a cuspir nele. Cobrindo-lhe o rosto, batiam nele e diziam: 'Profetiza!' Os guardas, também, o receberam a tapas". Mas Emmerich aumenta a violência ao afirmar que "arrancavam mechas de seu cabelo e barba, cuspiam sobre ele, batiam-lhe com seus punhos, feriam-no com varas pontiagudas e até mesmo perfuravam seu corpo com agulhas" (p. 166).

58 | MORTE E RESSURREIÇÃO DE JESUS

No filme, no entanto, os guardas se aglomeram ao redor dele e massacram Jesus, mas é o próprio sumo sacerdote que cospe em seu rosto.

Por outro lado, ela frequentemente observa que havia *pelo menos alguns* judeus não cristãos simpáticos a Jesus.

> Mas havia outros que esposavam opiniões bastante diferentes, e alguns desses estavam assustados, e outros, sendo tomados de angústia, procuravam amigos com os quais pudessem descarregar seus corações, e perante os quais pudessem, sem medo, dar vazão aos seus sentimentos; mas o número desses suficientemente ousados a declarar publicamente sua admiração por Jesus era pequeno (p. 146-147).

Deveras, mesmo nessa audição perante Caifás, a

> paciência divina [de Jesus], e as contradições, começaram a impressionar muitas pessoas que estavam presentes; alguns assovios de desaprovação foram ouvidos e os corações de alguns ficaram tão tocados que não podiam silenciar a voz da sua consciência. Dez soldados deixaram o tribunal sob o pretexto de indisposição, mas na verdade estavam subjugados por seus sentimentos (p. 161).

Além disso, mais uma vez indo além de qualquer elemento encontrado nos Evangelhos, ela não apenas faz Verônica enxugar o rosto de Jesus em seu caminho para a crucificação como também faz o primo de primeiro grau do marido de Verônica, um essênio chamado Zadoque, "dar testemunho público de sua crença na inocência de Jesus" (p. 194).

Na versão em filme dessas meditações, Gibson faz uma colagem de todas essas influências demoníacas em uma figura andrógina de Satanás, que se move por entre (motivando? controlando?) a multidão judaica. Essa figura até mesmo carrega um "bebê satanás" em uma cena (o Anticristo?), fazendo desse símbolo andrógino, portanto, um tanto quanto feminino – um tipo de Anti-Maria. Ele também põe demônios perseguindo o danado Judas – mas eles são encarnados como meninos de rua judeus. Ele aceita mas não aumenta as descrições já violentas de Emmerich sobre o que foi feito a Jesus "pelos judeus cruéis" (p. 193), a "turba judaica" (p. 220), ou "os judeus ingratos" (p. 270). Não há, porém, qualquer referência àqueles judeus não cristãos simpáticos a Jesus, exceto por um único e fugaz protesto durante o julgamento perante Caifás. Ainda assim, o *script* de Emmerich dizia que, durante a noite, "quando, subitamente, a prisão de Jesus foi anunciada, e todo mundo se eriçou – tanto seus *amigos quanto inimigos* –, muitos responderam à convocação do sumo sacerdote, e deixaram suas moradias para se reunirem em seu tribunal" (p. 145, itálicos meus). Emmerich tem, pelo menos, alguns possíveis ecos da insistência dos relatos dos Evangelhos de que a multidão em geral estava a favor de Jesus nos dias antes da crucificação. Onde estão esses elementos pró-Jesus no filme de Gibson? No filme, a multidão é uniformemente hostil, sempre anti-Jesus. Seria isso simples e justamente baseado nos relatos dos Evangelhos?

Nos Estados Unidos, houve uma certa quantidade de chantagem teológica intracristã ao redor do lançamento deste filme. Se você fosse a favor de Jesus e do Cristianismo, deveria ser a favor deste filme. Por outro lado, se você o criticasse de qualquer maneira que fosse, você seria simplesmente rotulado como contra Jesus e contra o Cristianismo. Você seria parte daquilo que Mel Gibson descrevera na entrevista à EWTN, "uma grande força das trevas que não queria que fizéssemos o filme". Satanás estaria, por assim dizer, interessado na produção para influenciar sua recepção. Houve até advertências extracristãs aos grupos judaicos para que não invocassem o antissemitismo, uma vez que este filme era simplesmente a história cristã pura e simples, diretamente retirada dos Evangelhos, por isso que atacá-lo seria atacar os próprios Evangelhos. Então, de uma vez por todas, este filme seria antissemita?

No nível pessoal, Mel Gibson afirmou veementemente que ele mesmo não é antissemita. Ele disse a Diane Sawyer, no programa *PrimeTime Special*, da rede ABC, na segunda-feira, dia 16 de fevereiro de 2004, que não poderia trabalhar em Hollywood e, ao mesmo tempo, ser antissemita. Eu não duvido da sinceridade dessa resposta pessoal, mas teço três comentários, não sobre a intenção do diretor, mas sim sobre sua execução, não sobre seu propósito, mas sobre seu produto.

Primeiro, qualquer pessoa cônscia que saiba como essas histórias sobre a Paixão de Jesus se tornaram, ao longo de dois milênios, uma semente tanto para o antijudaísmo teológico quanto para o antissemitismo étnico deveria proceder aqui com cuidados desmesurados, não com o "politicamente correto", mas sim com precisão ponderada. Como alguém pode cauterizar a própria possibilidade de antissemitismo ao manusear este material historicamente explosivo? É meu julgamento ponderado que, contra este pano de fundo, este filme retratou todos os judeus não cristãos como sendo tão malignos que isso assomaria não apenas a negligência e descuido, mas a indiferença depravada.

Segundo, este filme conseguiu infringir cada um dos *Critérios para a Avaliação das Dramatizações da Paixão* emitidos em 1988 pela Conferência Nacional dos Bispos Católicos dos Estados Unidos. Exemplo:

> Um princípio geral deveria, portanto, ser sugerido. Se não se puder mostrar para além de qualquer dúvida razoável que um elemento específico do Evangelho que foi selecionado ou parafraseado não será ofensivo, ou ter o potencial para influência negativa na audiência para a qual a apresentação é dirigida, este elemento não pode, em boa consciência, ser utilizado (C.1.d).

Em outras palavras: por causa dos resultados históricos já vistos, esmere-se em ser cuidadoso e, diria mais, seja preciso pelo menos quanto ao Evangelho com, por exemplo, aquela cena da "multidão" perante Pilatos.

Terceiro, como eu mencionei antes, Hitler aplaudiu a encenação da Paixão de Oberammergau por seu retrato da excelência ariana de Pilatos sobre e contra os desígnios judaicos contra Jesus. Só é justo dizermos que ele teria aprovado grandemente o filme de Gibson da Paixão, porque exalta ainda mais o personagem de Pilatos e achincalha ainda mais todos os judeus não cristãos. Hitler teria adorado esta representação – e exatamente pelo mesmo motivo, a virtude ariana sobre o vício judaico.

É admissivelmente muito mais fácil reconhecer resmungos ou comentários antissemitas do que reconhecer filmes ou encenações antissemitas. Não se pode, afinal, representar todos os judeus de Israel da época, ou do mundo após isso, em qualquer peça – o formato não permite "tudo o que existe" e sim apenas "aquilo que aparece". Mas Gibson representa todos os judeus não cristãos como injustificada e indizivelmente malignos. Existem, é claro, muitos judeus bons – mas todos eles são ex-judeus ou, se assim for preferido, cristãos – veja Simão Cireneu converter-se perante os seus olhos! Se este filme não for antissemita, então nenhum filme antissemita poderá ser feito em qualquer época. *J 'accuse.*

Ambiguidade romana

Na *Paixão de Cristo*, os romanos, ao contrário dos judeus, recebem uma ambiguidade enfatizada tanto em Emmerich quanto em Gibson. As autoridades dificilmente poderiam ser mais humanas e decentes, os soldados (não os legionários, é claro, mas os auxiliares pagãos locais) dificilmente poderiam ser mais cruéis e brutais.

Autoridades

Por um lado, as autoridades romanas aparecem em uma luz extremamente positiva. Primeiro, Pilatos se preocupa séria e conscientemente sobre "qual é a verdade?". Além disso, sua esposa é belamente humana. Por exemplo, assim diz Emmerich: "Eu vi Cláudia Procles, a esposa de Pilatos, *enviar* algumas peças largas de linho para a Mãe de Deus" (p. 224, itálicos meus). Gibson vai ainda além – ela mesma as *leva* à própria Maria – de modo que ela (para Gibson) ou ela e Maria de Magdala (para Emmerich) "se ajoelharam no chão junto ao pilar, e enxugaram o sangue sagrado com o linho que Cláudia Procles havia enviado" (p. 225). Esta é uma das muitas situações do filme onde se vê claramente Emmerich como roteirista do filme de Gibson. Também, aliás e de modo geral, as mulheres se dão bem melhor que os homens no *script* de Emmerich. A razão não é porque Gibson sabe *o que as mulheres querem*, mas porque sua roteirista era mulher! Finalmente, o centurião Abenadar também é representado de maneira simpática. Após Jesus ter sido açoitado por "três quartos de hora" no relato de Emmerich, é um "forasteiro de nascimento humilde, um aparentado de Ctesiphon, o cego a quem Jesus curara" que corre à frente para parar a selvageria com um "parem! Não açoitem este homem inocente até a morte!" e depois cortou suas amarras do pilar. No filme, porém, é o centurião romano que interrompe o açoitamento e declara que "eles deveriam puni-lo, não surrá-lo até a morte".

Soldados

Por outro lado, existem soldados romanos. No açoitamento, Emmerich e Gibson descrevem a mesma brutalidade sádica. Mas, é claro, existe uma escalada no próprio uso da representação visual com relação à verbal do horror necessário para representar um açoitamento romano. Mas, na crucificação, Gibson aumenta a violência presente na narrativa de Emmerich. É um aumento deliberado na selvageria.

Os Evangelhos de Marcos e Mateus registram o açoitamento com uma única palavra: "flagelaram" (o termo grego *phragello* é, na verdade, uma palavra tomada de empréstimo do latim *flagello*, donde o inglês *flog*, portanto o próprio processo era peculiarmente romano). Mas os Evangelhos não dão mais detalhes além disso. Tanto Emmerich quanto Gibson representam os flageladores ou chicoteadores como brutos sádicos. Uma primeira dupla inicia com bastões. Uma segunda dupla finaliza com um flagelo de ferro de nove cordas, com pontas em forma de garras afiadas o suficiente para se afixarem firmemente em uma mesa de madeira quando brandido contra ela no filme. Esta é a descrição de Emmerich: "Seus flagelos eram compostos de pequenas correntes, ou tiras cobertas de ganchos de ferro, que penetravam até os ossos e arrancavam grandes pedaços de carne a cada golpe" (p. 221). No filme, esse flagelo é inicialmente brandido contra uma mesa na qual os pequenos ganchos metálicos se afixam firmemente na madeira. A flagelação teria matado ou aleijado completamente qualquer ser humano normal, mas tal é exatamente o subtexto para Gibson. Eles podem flagelar até ficarem exaustos, mas ainda assim ele vai se levantar e cambalear até a cruz. Não importa o quão brutal ou prolongada fosse a flagelação, ela não o poderia matar – não era este o plano de Deus. Existe, nessa flagelação, uma aterrorizante nota subjacente de machismo divino e testosterona transcendental.

Todos os quatro Evangelhos registram a crucificação com duas palavras gregas: "Eles o crucificaram". Não oferecem qualquer detalhe subsequente deste processo. Emmerich e Gibson utilizam pregos longos e afiados para a crucificação. Emmerich diz: "As pontas saíram por detrás da cruz" (p. 270). Uma vez mais, Gibson vai além até dessa descrição horrenda. Após Jesus ser pregado na cruz, ela é erguida em nossa direção sobre as extremidades inferior e esquerda e então rapidamente jogada para a frente, de modo que o peso da cruz se choca contra o corpo atado de Jesus. Ele faz um baque no solo, o pó se ergue quando seu rosto atinge a terra, e então a câmera se aproxima para um *close*. A pesada cruz agora está com o lado de trás para cima, sobre Jesus, e nós podemos enxergar os pregos afiados aparecendo na parte de trás da madeira transversal, como no livro de Emmerich. Mas no filme de Gibson os soldados, então, martelam as pontas dos pregos em ângulo reto até que elas estejam grudadas sobre a madeira, as reverberações passando pela madeira e chegando às mãos e braços de Jesus. Gibson também acrescenta um corvo bicando e arrancando o olho do "ladrão mau". Em todos os casos dos quais consigo me lembrar, Gibson aceita ou aumenta a brutalidade descrita por Emmerich. Não consigo me recordar de uma vez sequer na qual ele a diminua.

GIBSON E DEUS

O filme de Gibson consiste em duas horas de brutalidade sem tréguas. Os *flashbacks* rápidos, fugazes para a vida pregressa de Jesus, para uma era mais alegre para Maria, servem mais para intensificar do que para aliviar a selvageria generalizada. Eles nunca são utilizados para explicar o porquê *qualquer pessoa* desejaria que esta pessoa morresse, que dirá ser crucificada. Não são utilizados para compreender a vida que levou a esta morte. Por que é tão selvagem? Poderia ser desconsiderada como a simples comercialização da violência hollywoodiana ou da imaginação lúgubre de Gibson? Essas são explicações bastante inadequadas.

Primeiro, a resposta está, uma vez mais, no *script* de Emmerich. Gibson não apenas aceita a história de seu livro, ele também aceita a sua teologia. A biografia contemporânea observa que

> uma grande parcela de sua enfermidade e sofrimentos vinham de tomar sobre si os sofrimentos dos outros. Às vezes, ela perguntava pela enfermidade de uma pessoa que não a carregava pacientemente e a aliviava de toda ou parte de seus sofrimentos, tomando-os ela sobre si; às vezes, desejando expiar um pecado ou pôr fim a um sofrimento, ela se entregava nas mãos de Deus e ele, aceitando o sacrifício dela, permitia-lhe assim, conjuntamente com os méritos de sua paixão, expiar o pecado pelo sofrimento de uma enfermidade que lhe correspondesse. (p. 15)

A própria Emmerich descreve Jesus no jardim do Getsêmani como se segue:

> Ele caiu sobre seu rosto, dominado por angústia indizível, e todos os pecados de todo o mundo se apresentaram perante ele, sob incontáveis formas e todos em sua deformidade real. Ele os tomou todos sobre si, e em sua oração ofereceu sua própria adorável pessoa para a justiça de seu Pai Celestial, como pagamento de uma dívida tão horrível (p. 100).

Ela então prossegue a falar "dos sofrimentos expiatórios prestes a cair sobre ele" (p. 103), "todos os sofrimentos que deveria padecer de modo a expiar o pecado" e

> a satisfação que ele deveria oferecer à Justiça divina, e como isso consistiria em uma medida de sofrimento para sua alma e seu corpo que abarcariam todos os sofrimentos por causa da concupiscência de toda a humanidade, uma vez que a dívida de toda a raça humana deveria ser paga por aquela parte de humanidade que, sozinha, não tinha pecado – a humanidade do Filho de Deus (p. 106).

Isto é, ela repete, uma questão "do sofrimento expiatório que era requerido para satisfazer a Justiça divina" (p. 108).

É uma claríssima teologia da expiação satisfatória ou expiação vicária, e a brutalidade do filme de Gibson simplesmente encena a visão horrenda de Emmerich. As pessoas pecam contra Deus. Pecar contra Deus merece punição. Tal punição é o sofrimento humano. Mas o sofrimento *humano* nunca é adequado para a retribuição *divina*. Jesus, como Deus encarnado, pode aceitá-lo vicária e adequadamente por todos nós. Anne Catherine Emmerich sofreu toda a sua vida pelos outros, assim como Jesus sofreu em certa ocasião de sua vida por toda a humanidade.

Mel Gibson concedeu uma rápida entrevista ao Dr. James O. Davis, cofundador, presidente e CEO da Global Pastors Network [Rede Global de Pastores], antes de uma exibição anterior ao lançamento do filme na "Beyond All Limits 2 Pastors Conference" [Conferência para Pastores "Além de Todos os Limites"] no auditório de 5.500 lugares da Orlando's Calvary Assembly [Assembleia do Calvário de Orlando] em 21 de janeiro de 2004. Gibson disse que, durante as filmagens e a despeito dos detalhes técnicos necessários, estava constantemente ciente da teologia. Jesus expiou todos os pecados desde o tempo da criação do mundo. Ele poderia ter feito isso com o sangue de um dedo machucado, mas "porque era Deus" escolheu todo aquele sofrimento. A brutalidade insistente está lá para enfatizar os sofrimentos de Jesus – para Emmerich de forma verbal, para Gibson de forma visual. E o sofrimento deve ser enfatizado porque Cristo carrega a punição devida a toda a humanidade por todos os seus pecados.

Segundo, naquela entrevista à EWTN, Raymond Arroyo perguntou a Mel Gibson "por que você decidiu se restringir às doze horas anteriores à sua morte? Por que não o ministério, por que não a ressurreição?". Gibson respondeu: "Para mim, esta é a parte mais eficaz do sacrifício, o aspecto sacrificial de Cristo [...] Este é o tema central da fé dos cristãos". Mas o problema é que sacrifício e sofrimento não são exatamente sinônimos, como se, por exemplo, o maior sacrifício necessitasse do maior sofrimento e, portanto, a maior e mais vívida violência visual na representação deste sofrimento-sacrifício.

No mundo antigo, a maioria das religiões mantinha e restaurava a união com Deus ou deuses pelo sacrifício de animais, um elo no qual o animal era passado da terra para o céu e então retornava para ser comido como alimento divino. Ninguém jamais fez a sugestão obscena de que o sofrimento do animal fosse importante e devesse ser maximizado para aumentar seu valor sacrificial. Ninguém jamais sugeriu que o animal devesse ser punido ou brutalizado através de tortura como um substituto vicário por aquilo que os próprios humanos deveriam ter sofrido através da retribuição divina. Nem mesmo quanto ao ritual do bode expiatório.

No mundo moderno, dois bombeiros adentram apressadamente uma casa em chamas para salvar crianças presas no andar de cima. Eles as salvam, mas perdem suas próprias vidas. O capelão garante às suas famílias que eles não sofreram, mas sim que morreram instantaneamente. Mas a manchete do dia seguinte estampa: "Bombeiros sacrificam suas vidas". Ambas as asserções estão igualmente corretas. Se uma gravação ao vivo fosse lançada, mostrando-os morrendo lentamente ao longo de duas horas de agonia, isso exaltaria o seu sacrifício? Se um filme *re*-encenasse as suas duas últimas horas de maneira exata, isso seria obsceno? Sobretudo, será que alguém nem sequer sugeriria a ideia de que Deus queria alguém morto naquele dia e, se não pudessem ser aquelas crianças, os bombeiros seriam vicariamente suficientes?

Uma vez que alguém equivalha sacrifício e sofrimento, o maior sacrifício deve acarretar o maior sofrimento e, dada esta equação, sua representação certamente beirará o sadismo. É por isso que, na lógica de sua teologia terrível, este filme insiste na selvageria sádica da Paixão. Na entrevista à EWNT, Mel Gibson admite que o filme "é brutal, vívido", mas "não penso que seja tão brutal quanto realmente aquilo foi. Parei muito aquém do que acho que provavelmente aconteceu". Mas, mesmo à parte daquele diálogo obsceno sobre a beleza da violência lírica citado em epígrafe, existem estas perguntas.

Imagine o horror de um estupro grupal de duas horas. Se houvesse um vídeo desse crime, não seria pornográfico apresentá-lo publicamente por duas horas? Se não houvesse o vídeo, e um diretor o *re*-encenasse a partir dos registros do tribunal, o encenasse exatamente como acontecera no decorrer de duas horas, será que fazê-lo e assisti-lo seria pornográfico? *Em outras palavras: quando a representação sustentada de uma ação sádica se torna, ela própria, obscena ou pornográfica?* Mesmo ou especialmente se de fato aconteceu daquela maneira? A questão não é se a flagelação ou crucificação são selvagens (é claro que sim!) ou se Jesus sofreu terrivelmente (é claro que sim!), mas sim se o sadismo sem tréguas do filme está enfatizado gratuitamente. E, é claro, é calculado não apenas para deixar o espectador com sentimento de culpa pelos próprios pecados, mas também para escalar tal culpa porque alguém deve desejar que o processo transcorra sem impedimentos. Qualquer cristão que aceite a teologia de Emmerich e Gibson de perdão vicário ou por substituição não pode concordar com aquela mulher judaica que grita do meio da multidão de judeus zombando de Jesus a caminho da crucificação: "Alguém, por favor, pare com isso!". Você está preso no apoio ao sadismo.

Terceiro, então, qual é o caráter do Deus imaginado nesta teologia? Mel Gibson insistiu, tanto na entrevista à EWTN quanto em Orlando, que seu filme é sobre "amor e perdão". *Mas o sacrifício vicário não é o mesmo que perdão amoroso.* Um Deus de compaixão misericordiosa não é, eu repito: não é, um Deus de punição deslocada. No *website* da Beliefnet, no dia de 2 de fevereiro, a coluna de Laura Sheahan sobre "Abanar a Paixão" relatou que a American Tract Society [Sociedade Americana de Panfletos] havia editado um panfleto intitulado "A Paixão – Quem crucificou Jesus?". Os *experts* nas relações judaico-cristãs podem respirar aliviados: de acordo com o panfleto, "o culpado é Deus, cujo amor pela humanidade fez com que sacrificasse seu próprio filho". Isto é, claro, a conclusão lógica àquela teologia terrível do sacrifício vicário. Lendo Emmerich, ou assistindo a Gibson, certamente seremos levados a amar o Jesus deles, mas nós amaríamos o Deus deles? Certamente deveríamos ter receio e temer este Deus, mas com certeza não amaríamos e adoraríamos aquele Deus? Livro e filme abrem esta pergunta fundamental: qual é o caráter do seu Deus?

Aquela pergunta leva de volta a esta pergunta mais básica, que apresento aqui como um desafio fundamental à teologia deste filme. *Não existe absolutamente nenhuma prova, em toda a história humana, de punições divinas, mas existe ampla evidência de terríveis consequências humanas.* Parta de um Deus de punição e você termina com o filme de Gibson. Eu mesmo creio em um Deus cujo caráter é a graça ou dom gratuito de perdão amoroso. Não creio em um Deus que *poderia* perdoar gratuitamente, mas que só o faz após Jesus ter sido espancado até virar uma massa sanguinolenta em nosso lugar. Se eu aceitasse, o que não faço, a visão deste filme de um Deus selvagem, desejaria ter a coragem de seguir o conselho da mulher de Jó: "Amaldiçoa a Deus e morre de uma vez" (2,9).

A VÍTIMA MALDITA: A PERIGOSA INVERSÃO QUE FEZ DA CRUZ A "ÁRVORE DA VIDA"

LUIGI SCHIAVO*

A morte de cruz era, na Antiguidade, o terrível castigo reservado a crimes relacionados à sociedade. Geralmente, tais crimes tinham a ver com a ameaça do *status quo*, tais como revoltas populares que ameaçavam desestabilizar poderes constituídos. O caráter social dessas execuções, nas quais o cadáver do criminoso era deixado exposto, às vezes até a putrefação, tinha a finalidade de inibir possíveis movimentos reformadores e levantes populares.

As perguntas que subjazem a este estudo estão relacionadas à morte de cruz de Jesus, às motivações políticas dessa condenação e à inversão de significado que os seguidores de Jesus, sobretudo Paulo, darão ao fato, chegando a interpretar e afirmar que a cruz é "sabedoria de Deus" (1Cor 1,24), e vendo no Crucificado a revelação do poder salvífico de Deus.

Há uma terrível inversão de interpretação, que transforma a cruz de punição em instrumento de salvação, e há, através desta interpretação, a criação de um poderoso símbolo, a cruz, uma verdadeira "tradição inventada" (Hobsbawm; Ranger, 2002, p. 9), que traz como consequências a legitimação e a sacralização do sacrifício, do sofrimento e da violência como instrumentos necessários à salvação.

Será nossa intenção, neste trabalho, abordar, mesmo que rapidamente, essas questões.

A MORTE DE CRUZ

Contexto judaico

A morte pela cruz não é invenção dos romanos. Ela era a punição dada por vários povos antigos para eliminar seus inimigos.

---

* Doutor, professor no programa de pós-graduação em Ciências da Religião e coordenador da Teologia na Universidade Católica de Goiás.

68 | MORTE E RESSURREIÇÃO DE JESUS

Na tradição judaica, uma das primeiras e explícitas referências à morte pela árvore está em Dt 21,22-23:[1]

> Quando alguém tiver cometido um crime de pena capital e for executado e suspenso numa árvore, o cadáver não poderá ficar ali durante a noite, mas deverás sepultá-lo no mesmo dia, pois o que foi suspenso é maldição de Deus, e não deverás manchar a terra que o SENHOR teu Deus te dá em herança.

Neste texto, dois elementos merecem ser destacados. Primeiro: só os criminosos eram pendurados na árvore como sinal de total desprezo e humilhação. Segundo: o condenado a esse suplício era "maldito de Deus", tão impuro que seu cadáver não podia permanecer na cruz durante a noite a fim de não contaminar a terra em que o povo morava. A rejeição do condenado à cruz se reflete no tamanho da rejeição de sua pessoa: a contaminação que ele carrega, também depois de morto, é um perigo imane, que pode ser fatal para a terra e para o povo que está ali instalado. Vê-se claramente nisso a ameaça representada por revoltosos políticos à sociedade, ameaça que é interpretada como um ataque à ordem divina, à lei de Deus, por isso mesmo tachados de "maldito de Deus".

Quanto à realização prática dessa execução, parece que o condenado primeiramente era morto, por apedrejamento ou por enforcamento, e em seguida o seu cadáver era pendurado numa árvore e exposto ao desprezo e escárnio públicos. O historiador galileu Josefo confirma tal prática dizendo: "O que blasfema Deus, seja apedrejado e depois pendurado por um dia; seja, em seguida, sepultado sem hora" (*Antiguidades judaicas* IV,202). Nessa sua afirmação, o crime contra a sociedade é claramente um crime contra Deus.

Mas quem podia merecer uma morte tão ignominiosa? O Rolo do Templo, um dos documentos encontrados no mar Morto, conhecidos como a biblioteca de Qumran e provavelmente pertencentes à seita judaica dos essênios, esclarece que se trata de crime de traição:

> [...] se houver um espião contra o seu povo, que entrega seu povo a uma nação estrangeira ou faz o mal contra o seu povo, o suspendarás a uma

---

[1] Há outras referências bíblicas à morte na cruz: 2Sm 21,9; Js 8,29; Sl 22,17; Esd 6,11. Além disso, Josefo acena várias vezes a este tipo de suplício: *Antiguidades judaicas* XII,256; XIII,380-382; 410-411; *A guerra dos judeus* I,97.113.

árvore e morrerá. Pelo testemunho de duas testemunhas e pelo testemunho de três testemunhas será executado e o suspenderão na árvore. Se houver em um homem um pecado condenável à morte e escapa em meio às nações e maldiz o seu povo e os filhos de Israel, também ele o suspendereis na árvore e morrerá. Seus cadáveres não passarão a noite na árvore, mas os enterrareis durante o dia, porque são malditos por Deus e pelos homens os suspensos na árvore; assim não contaminareis a terra que eu te dou em herança (LXIV,7-13. Martínez, 1995, p. 219)

O crime de traição merecia a morte e o cadáver do condenado acabava suspenso na árvore. A cruz é, portanto, uma *mors turpissima*, um castigo reservado para o pior dos crimes: a traição do próprio povo. Por isso a exposição do cadáver na árvore era sinal de grande repúdio, vergonha e rejeição.

Contexto romano

Entre os romanos, a morte na cruz parece ter sido uma prática bastante comum, pelo menos a partir do período cristão. A cruz romana constava de uma árvore vertical, na qual era colocada uma madeira horizontal que sustentava o condenado, amarrado a ela por cordas nos braços. Temos poucas informações do hábito de pregar pessoas na madeira com pregos fincados nas mãos e nos pés: até hoje, só foi encontrada, na Palestina, uma única ossada humana com ainda um prego fincado nos pulsos, com certeza prova de sua morte na cruz. A morte de cruz tinha caráter público e social: o condenado devia, ele mesmo, carregar o braço horizontal da cruz através da cidade até o lugar do suplício, geralmente fora da cidade. Era despojado de suas vestes e pendurado nu. A morte acontecia ou por asfixia ou por sangramento. Os lugares das crucificações eram lugares públicos, à vista de todos, pois tal suplício devia ser um espetáculo exemplar, para coibir possíveis movimentos de revolta. Assim, a morte de cruz conservava seu caráter de punição exemplar e intimidatória de crimes sociais e políticos, que podiam representar uma séria ameaça à ordem pública estabelecida. Como pena capital, era reservada somente a escravos e revoltosos, mas não a cidadãos romanos. Na Palestina, a pena de morte na cruz foi aplicada na "guerra dos bandidos" no ano 4 a.C., quando Quintílio Varo mandou crucificar, segundo o relato de Josefo, dois mil judeus (*Antiguidades judaicas* XVII,295). Logo, os executados assim aumentaram

70 | MORTE E RESSURREIÇÃO DE JESUS

enormemente no governo do procurador Félix (52-60) (*A guerra dos judeus* II,253). Do rei judaico Alexandre Janeu (103-76 a.C.) se diz que ele mandou crucificar cerca de oitocentos adversários políticos internos (*A guerra dos judeus* I,97).

Erguiam-se cruzes ao logo das estradas ou em colinas. Depois de morto, na tradição romana, o cadáver era deixado apodrecer na cruz até se tornar comida de abutres e de cães. Por isso, talvez, o Evangelho lembra que Jesus foi crucificado num lugar chamado "Gólgota", que traduzido significa "a caveira" (Mc 15,22), lugar onde os romanos realizavam as crucificações e que, provavelmente, devia ter restos de ossadas humanas.

A CRUCIFICAÇÃO DE JESUS

Um dos poucos fatos certos na reconstrução da vida de Jesus de Nazaré é sua morte na cruz, realizada sob Pôncio Pilatos e atestada historicamente seja por Josefo (*Antiguidades judaicas* XVIII,63-64), seja pelo historiador romano Tácito (*Anais*, IV,282-283). Segundo a tradição, o *ius gladii*, ou seja, a jurisdição relativa às penas capitais, era reservado pelos romanos para si próprios, sobretudo nas províncias, de modo que se pode concluir que houve uma responsabilidade direta dos romanos na morte de Jesus, fato que fica confirmado também pelo Evangelho de João, onde os judeus afirmam: "Não nos é permitido matar ninguém" (18,31). Jesus foi objeto de um verdadeiro julgamento diante da autoridade romana, e isso é provado pelas referências ao tribunal ao qual Jesus foi conduzido (Jo 19,13; Mt 27,19). O motivo da condenação estava escrito visivelmente na tabuinha de madeira colocada provavelmente no pescoço de Jesus, "rei dos judeus", o que revela uma interpretação política de sua morte. Dois fatos podem ter justificado tal tipo de condenação: a entrada triunfal de Jesus em Jerusalém, onde foi aclamado messias (Mc 11,1-11) e o ataque ao templo (Mc 11,15-19), gesto de natureza profética que deve ter acendido a ira dos saduceus, responsáveis pelo templo, que se sentiram ameaçados nos seus interesses econômicos, religiosos e políticos. A relação de colaboração com os romanos pode ter facilitado a condenação de Jesus, com a justificativa de que poderia ter sido causa de desordens políticas, bastante inoportunas na proximidade da festa da Páscoa. A decisão de esmagar o chefe podia ter um efeito intimidador em relação aos seus seguidores, que, provavelmente por isso, não foram presos. A morte de

Jesus, portanto, pode ser lida de dois modos: por parte dos romanos, Jesus é executado como um subversivo, um rebelde que ameaçava a ordem política constituída; por parte dos judeus, sobretudo dos saduceus de Jerusalém, Jesus foi considerado uma ameça aos interesses ligados ao templo e condenado como "maldito" por ter enfrentado e subvertido as leis religiosas judaicas.

A "INVENÇÃO" CRISTÃ DA CRUZ

A releitura das Escrituras

A *mors turpissima* à qual Jesus foi submetido não conseguiu apagar a sua memória, como provavelmente queriam as autoridades. Pelo contrário, representou o ponto de partida de uma reflexão e movimento novos e extraordinários, alicerces de uma nova religião, o Cristianismo. O que aconteceu logo depois de sua morte foi uma intensa reflexão teológica, com a finalidade de dar significado à morte tão ignominiosa. Foi na releitura das Escrituras antigas que seus discípulos encontraram o sentido de sua morte: lá eles acharam que "era preciso que o Cristo (literalmente = o messias) sofresse tudo isso para entrar em sua glória" (Lc 24,26), pois sua morte na cruz correspondia ao "desígnio de Deus" (At 2,23), para que se cumprissem as Escrituras e as antigas profecias. A morte de Jesus foi relida, num processo de *midrash*, e interpretada como vontade de Deus. Literariamente, por exemplo, isso fez com que o relato da Paixão e Morte de Jesus fosse redigido no gênero literário do "justo sofredor", que tinha vários exemplos na Bíblia, sobretudo o autor do Sl 22, o Servo sofredor de Is 53 e o justo perseguido do livro da Sb 2-5.

O resultado foi uma tremenda inversão: a transformação da infâmia da cruz, do Jesus subversivo e do maldito de Deus, no Cristo Salvador, o justo inocente que se oferece voluntariamente como vítima para a redenção do mundo.

A "invenção de tradições"

Tal interpretação da cruz é típica somente do Cristianismo de matriz helênica. De fato, a cruz não tem nenhuma relevância simbólica para as demais formas de cristianismos originários: nem para o judeo-cristianismo de tradição palestina, cuja salvação era atribuída à observância à lei, nem para o Cristianismo de tradição gnóstica, cujo elemento fundamental era a revelação da *gnose*, o conhecimento de Jesus (Schiavo, 2006, p. 161-164). A cruz, como símbolo central do Cristianismo helenístico, teve em Paulo e Marcos seus mentores mais importantes. No seu atual significado teológico, ela é um símbolo que deve, portanto, ser contextualizado na específica cultura e sociedade greco-romano, mesmo que posteriormente, por obra sobretudo do imperador Constantino (séc. IV), ela se torne um símbolo de caráter universal. Como todo símbolo, a cruz também carrega em si uma proposta de significado e é elemento importante no conjunto de determinda cultura, representando o que de mais próprio um grupo social tem, e colaborando na construção de sua identidade específica.

A inversão de significado relacionada à morte de cruz de Jesus corresponde àquilo que culturalmente é definido como "tradição inventada", conceito que se refere a

> um conjunto de práticas , normalmente reguladas por regras tácita ou abertamente aceitas, de natureza ritual ou simbólica, que visam a inculcar certos valores e normas de comportamento através da repetição, o que implica, automaticamente, uma continuidade em relação ao passado (Hobsbawm; Ranger, 2002, p. 9).

Tais tradições se caracterizam por ser respostas a situações novas, ou na referência a situações parecidas do passado, ou em sua novidade, criando elas mesmas seu próprio passado. Tal passado pode ser, portanto, real ou forjado, através da repetição e da rotina, formalizando o costume. Inventam-se novas tradições quando há mudanças rápidas e amplas, como na criação de novos estados, ou na criação de identidade de classes ou grupos. Há, geralmente, três tipos de tradições inventadas:

a) as que servem de coesão social de um grupo (por exemplo: a admissão ao grupo);

b) as que estabelecem ou legitimam instituições e autoridades;

c) as cuja função é a socialização de ideias, sistemas de valores, padrões de comportamento.

No momento em que a nova seita cristã passou da tradição judaica à tradição helênica criou-se uma situação favorável para a invenção de tradições, com a finalidade de dar identidade ao novo grupo e de transmitir conteúdos doutrinários e comportamentais aos novos adeptos. A ressemantização da cruz e de outros símbolos, e a criação de novas referências semânticas, que na cultura judaica não tinham tanta relevância, podem ter acontecido neste momento.

A TRADIÇÃO DO SENHOR CRUCIFICADO, O SALVADOR

Na sua passagem para o contexto helenístico-romano, a pequena seita galileia, de pequeno movimento religioso localizado na Palestina, tornou-se uma verdadeira religião com pretensões universais. Para que essa mudança pudesse acontecer, o mito e os símbolos de referência deviam ser reformulados e ressemantizados. A comunidade cristã de Antioquia é responsável por tal mudança: era formada por judeus da diáspora, entre os quais Paulo e Barnabé, mas havia também pessoas de outras proveniências (At 11,19-26). Antioquia era uma cidade grande e importante, a porta para o Oriente: com certeza um lugar onde as religiões de mistério se encontravam em grande número. É aqui que a pequena seita galileia se torna religião, o "Cristianismo".

A

Muda o mito de referência. A partir de Antioquia, Jesus não é mais simplesmente a encarnação do intérprete messiânico da lei, o Filho do Homem da *Fonte Q* (Schiavo, 2006, p. 121-130). O acento passa da lei para a morte, ressurreição e glorificação, pelas quais ele é agora considerado o redentor e o salvador dos pecados do mundo. O enfoque é claramente escatológico, e o acento não está mais na prática e observância específica de uma lei: pelo contrário, o cristão é livre dessa lei, que Paulo considera uma prisão (Rm 7,4-6). O acento recai agora na cruz e na fé, que exige a adesão pessoal a essa nova narrativa mítica: "Se, pois, com tua boca confessares que Jesus é Senhor e, no teu coração, creres que Deus o ressuscitou dos mortos, serás salvo" (Rm 10,9). O cerne do "Evangelho de Paulo" e do seu anúncio é a morte, ressurreição e glorificação de Jesus, pelas quais ele se torna o Senhor (1Cor 1,23; 2,2; Rm 6; Fl 2,5-11).

Paulo entende que a cruz é a revelação da sabedoria de Deus, totalmente diferente da sabedoria do mundo: enquanto os grandes do Império procuram honras, glória e grandeza, o Deus cristão se revela no que é fraco, pequeno, insignificante, no maldito, como Jesus na cruz (1Cor 1,18-31). Diferentemente das divindades imperiais, sobretudo da deusa Vitória, símbolo da grandeza de Roma, o deus paulino privilegia os fracos e humilhados, os escravos e derrotados, para, com eles, derrotar os sábios e poderosos do Império:

> Mas o que para o mundo é loucura [a cruz de Jesus], Deus o escolheu para envergonhar os sábios, e o que para o mundo é fraqueza, Deus o escolheu para envergonhar o que é forte. Deus escolheu o que no mundo não tem nome nem prestígio, aquilo que é nada, para assim mostrar a nulidade dos que são alguma coisa (1Cor 1,27-28).

É esta teodiceia totalmente diferente que faz do Cristianismo paulino um movimento contracultural dentro do Império Romano.

Além de Paulo, o evangelista Marcos também vai na mesma linha. No seu Evangelho, a oposição entre o Cristianismo das origens e o Império Romano é muito forte e simbolicamente representada na luta entre Jesus e Satanás, que tem seu ponto alto no episódio do exorcismo e da rejeição da legião romana, definida como uma manada de porcos (5,1-20). Mas é sobretudo na Paixão e morte de cruz que Marcos afirma todo o valor de contracultura que o Cristianismo representa em relação ao Império. Ao analisar o relato da Paixão de Jesus segundo Marcos (15,24-39), percebe-se a dramaticidade do acontecimento. Trata-se de uma verdadeira execução de caráter político, perpetrada pelo exército romano atiçado pelos sacerdotes do Templo de Jerusalém. A pretensão messiânica de Jesus (Mc 11,1-11) e seu ataque ao templo (Mc 11,15-19) devem ter sido interpretados como gestos de afronta e rebeldia às autoridades políticas e religiosas constituídas. Marcos destaca a solidão progressiva de Jesus, abandonado por todos e injuriado pelos presentes: os passantes, os soldados, os chefes dos judeus e até os dois ladrões que foram crucificados com ele. O ponto alto da Paixão segundo Marcos é o grito de abandono de Jesus: "Meu Deus, meu Deus, por que me abandonastes?" (15,34). Esse grito, bastante improvável historicamente, pela situação de definhamento do condenado, pode ser um acréscimo redacional do evangelista, com a finalidade de interpretar a sensação de desespero de Jesus, abandonado até por Deus.

Jesus morre como um maldito de Deus e dos homens. O peso da maldição justifica o imediato sepultamento de Jesus, por José de Arimateia, cumprindo assim o que dizia Dt 21,23, não deixar o cadáver do crucificado permanecer pendurado na árvore durante a noite para não trazer maldição à terra e ao povo.

Nessa morte tão dramática os primeiros cristãos, entre eles sobretudo Paulo e Marcos, viram a atitude de Deus, que, na situação de total rejeição e maldição de Jesus, faz da cruz o lugar privilegiado da revelação de sua sabedoria. Marcos revela a mesma teodiceia de Paulo, que, aliás, é a mesma do Êxodo: um Deus comprometido com a história humana e com a libertação e transformação das misérias e das situações de não humanidade (Ex 3). O ponto alto do relato da Paixão de Marcos é seu final, quando, diante do último grito desesperado de Jesus e do seu último suspiro, faz o centurião romano confessar: "Na verdade, este homem era Filho de Deus!" (15,39). O Cristo Crucificado, na interpretação de Marcos, ridiculariza a máquina bélica romana, simbolizada pelo centurião, e todo seu aparato ideológico de dominação.

Paulo, Marcos e seus companheiros não estão inventando nada de novo: aproveitaram as antigas tradições bíblicas relativas à morte violenta (a tradição de Isaías da morte redentora do messias e da morte violenta no madeiro); a tradição helenística da morte violenta do sábio (Sócrates); assim como a estrutura mítica de morte-vida das religiões de mistério. Um dos moventes da "invenção desta nova tradição" ou de sua ressemantização pode ter sido a competição com o mito egípcio de Osíris, provavelmente muito presente em Antioquia (Woodruff, 1995, p. 82).

A partir desse momento, a inversão está proclamada, e com ela a rejeição do Império Romano. Novos sujeitos sociais reivindicam, através dessa tradição, seu espaço e sua legitimidade, encontrando na nova religião que está nascendo um poderoso instrumento identitário.

B

Outro elemento a ser ressemantizado é o conteúdo do termo "Filho de Deus". Originariamente, o título indicava, na religião judaica, funções de intermediação: o rei, como representante de Deus; os sumos sacerdotes, na sua função de intermediários; e, no Judaísmo tardio, os anjos, os justos e algumas figuras de homens divinizados (Henoc, Elias, Moisés etc.). "Filho de Deus" é, porém, sempre uma figura subordinada, nunca o próprio Deus ou outro deus, pois o rígido monoteísmo judaico não podia admitir isso. O título é, portanto, atributo que identifica e caracteriza somente a natureza de um ser. Corresponde em nosso vocabulário ao adjetivo "divino".

No contexto cultural helenístico-romano, reis e imperadores eram apelidados de "filhos de Deus", como, por exemplo, Alexandre, os Antíocos e os Selêucidas. Em Roma, o imperador, além de chefe político e militar, era chefe da religião romana, o *Pontifex Maximus*, o que fazia a ponte entre o mundo divino e os seres humanos. Por isso a ele se atribuía o título de *filho de Deus*, sendo considerado um ser divino com direito a culto e imagens próprias. Também era chamado de *soter*, salvador, pois a paz, condição para a *salus*, uma vida saudável, que também correspondia à salvação, eram suas atribuições próprias. A vida do povo, a paz, o bem-estar eram garantidos pelo imperador. Mas somente para uma pequena parcela de população: os itálicos, os ricos e os que tinham o título de cidadão romano. Para a outra metade da população do Império, os escravos e os povos conquistados, o imperador era um verdadeiro dominador e a religião imperial só servia para legitimar seu poder político, dando sustentação à política de espoliação, opressão, submissão e escravidão. A aplicação do termo "filho de Deus" a Jesus, sobretudo pelo Evangelho de Marcos, demonstra a consciência que o Cristianismo das origens tinha de ser portador de uma contraideologia, que desqualificava a ideologia imperial, sobretudo na figura do imperador, para afirmar, sem temor, que tal função salvífica era própria de Jesus, o condenado à terrível morte de cruz. Tratava-se de um autêntico ataque à ideologia imperial, "os cristãos devem ter entendido, pois, que proclamar Jesus como Filho de Deus significava negar deliberadamente a César seu mais alto título e que anunciar Jesus como Senhor e Salvador era traição calculada" (Crossan; Reed, 2007, p. 21). Daqui até a afirmação de que Jesus é "o Filho de Deus" (o próprio Deus, a segunda pessoa da Trindade) o passo é pequeno e acreditamos estar já presente na "alta cristologia" do quarto Evangelho (Schiavo, 2006, p. 75-84).

C

O sucesso da nova religião no contexto do Império provavelmente se deve a este grande trabalho de ressemantização ou inculturação dos símbolos, como também à grande demanda escatológica presente no meio do povo, e que as religiões tradicionais não conseguiam satisfazer. Mas se de um lado a maioria dos cultos de mistério foi com o tempo desaparecendo, a "funesta superstição cristã" dos inícios evoluiu, tornando-se verdadeira religião, o Cristianismo, e, por meio da vital aliança com o poder imperial, se transformou nos séculos vindouros de *religio ilicita* a religião de Estado, instalada no coração do próprio Império. Nesse percurso ela demostrou grande capacidade de adaptação, de transformação dos antigos símbolos religiosos e de absorção de novos, gerando novos sentidos a partir de novas exigências.

IDENTIDADE E CONTRACULTURA

Tal processo cultural deu legitimidade, visibilidade e identidade a novos atores sociais. O Cristianismo é fruto de uma grande fermentação cultural, vinda sobretudo das periferias do Império, das grandes cidades que deviam funcionar como uma espécie de grande "panela cultural", da qual devem ter saído interessantes experiências novas, como também muitos conflitos. A grande movimentação social no Império, favorecida pela relativa facilidade nas comunicações, proporcionou o encontro cultural e social na busca por novas referências simbólicas e identitárias. É nesse "caldo cultural" que devemos situar os primeiros escritos cristãos, sobretudo as cartas paulinas. Nelas Paulo conclama à superação das diferenças sociais para se encontrar num só povo em Cristo: "Não há mais judeu ou grego, escravo ou livre, homem ou mulher, pois todos vós sois um só, em Cristo Jesus" (Gl 3,28; 1Cor 12,13). Além da igualdade, o Cristianismo prometia uma nova dignidade, a de filhos de Deus: "Portanto, já não és mais escravo, mas filho; e, se és filho, és também herdeiro; tudo isso, por graça de Deus" (Gl 4,7). Podemos imaginar o impacto dessas afirmações em escravos, fugitivos, trabalhadores rurais, mercadores, estrangeiros etc! De outro lado, a vida comunitária proporcionava abrigo, segurança, referência afetiva e amparo nas dificuldades: exigia relações construídas a partir de parâmetros e categorias diferentes e que representavam uma alternativa ao clima de dispersão e desestruturação social do Império.

Todos esses elementos foram determinantes para o grande e rápido sucesso da nova religião.

A reformulação do mito, para responder às novas demandas de significação; um novo imaginário que se baseava em representações simbólicas diferentes; novos sujeitos históricos com sua própria identidade e uma proposta comunitária e social alternativa à do Império: é com essas armas culturais e sociais que a nova religião parte para a conquista do Império.

O outro lado da inversão semântica: a teologia sacrificial

A inversão semântica, que deu novo significado à morte de cruz de Jesus, está relacionada também à teologia sacrificial. Existem vários mitos antigos que apresentam a morte de vítimas inocentes como sacrifícios necessários para a salvação do grupo. A legitimação religiosa dessas vítimas pode justificar a violência como instrumento necessário para se conseguir determinados resultados e até a salvação. A análise desses mitos, levantando os elementos comuns e os específicos, e seu confronto com a tradição cristã da cruz serão de valiosa importância para nosso estudo.

Os mitos sacrificiais

A

O mito grego de Ifigênia é um dos mais famosos mitos sacrificiais, com várias releituras ao longo dos séculos. No contexto da guerra contra Troia, o exército grego, comandado pelo rei Agamênon, se depara com uma grande calmaria no mar, que impede os navios que levam o exército de partir. O problema está na ira da deusa Minerva (Diana), que pode ser apaziguada somente com o sacrifício de Ifigênia, a filha primogênita de Agamênon. O rei traz sua filha, sacrifica-a à deusa na praia, o vento volta e o exército parte para a conquista e destruição de Troia. Ifigênia é a figura central da narrativa, e seu sacrifício foi objeto de diferentes interpretações. Na mais antiga das tragédias sobre Ifigênia, a *Orestíade* de Ésquilo (apud Hinkelammert, 1995, p. 7s.), Ifigênia aparece como que inconformada com sua sorte, a ponto de, na hora de sua morte, gritar como um animal conduzido ao matadouro. Seu sacrifício é descrito como um autêntico assassinato, mesmo que seu pai, Agamênon, seja ainda o herói, cujo trágico destino lhe reserva, como única saída, o sacrifício de sua filha.

Mas, posteriormente, na tragédia de Eurípides *Ifigênia em Áulide*, a protagonista Ifigênia já não é mais a vítima rebelde e selvagem inconformada com seu destino. Agora ela é descrita como uma sacerdotisa redentora, que aceita voluntariamente a sua morte sacrificial. E quem, agora, rechaça este terrível sacrifício é sua mãe, Clitemnestra, que procura com todas as suas forças dissuadir Agamênon. Mas encontra resistência na própria filha Ifigênia, que, interpondo-se em seu caminho, afirma:

> [...] minha morte está resolvida, e quero que seja gloriosa, despojada de toda ignóbil fraqueza [...] Tudo remediará minha morte, e minha glória será imaculada, por ter libertado a Grécia [...] E só eu vou me opor? Acaso é justo? Poderemos resisti-los? Um só homem é mais digno de ver a luz do que infinitas mulheres. E se Diana pede a minha vida, me oporei, simples mortal, aos desejos de uma deusa? Matai-me, pois, e devastai Troia (apud Hinkelammert, 1995, p. 10-11).

Há duas inversões nessa nova versão do mito: de um lado, a nova consciência de Ifigênia, que a sua morte proporcionará a conquista de Troia e a liberdade da Grécia. Por isso seu sacrifício é não somente sua própria contribuição à vitória, mas também condição necessária (*sine qua non*) para que ela aconteça. Dessa forma, seu sacrifício é redentor e salvador.

Mas a outra inversão é que o sacrifício de Ifigênia legitima uma nova selvageria, a guerra contra os troianos e todos os que não pertencem à Grécia. "Ao civilizar-se Ifigênia e aceitar ser sacrificada, ela se torna agressiva contra todo mundo e se converte no motor daquela agressão que seu pai faz como comandante do exército" (Hinkelammert, 1995, p. 11). Matando Troia, Agamênon não se considera assassino, mas tem de assassinar Troia para não anular o sacrifício de sua filha e não ser considerado assassino!

Há, porém, outro desfecho da tragédia: segundo o relato de Eurípides, a deusa Minerva sequestra Ifigênia na hora de ser sacrificada e coloca um animal em seu lugar. Ifigênia é levada à ilha selvagem dos taurus, onde se transforma em sacedotisa de Minerva, que sacrifica todos os estrangeiros que aportam ou naufragam na ilha, sobretudo os gregos. Sua atitude é de total repúdio do seu sacrifício, por isso, ela, que já fora sacrificada, começa agora a sacrificar os gregos que a sacrificaram. Mas, no final da história, esta Ifigênia em Táuride acaba encontrando e salvando seu irmão Orestes, chega a perdoar o pai por tê-la sacrificado e a condenar a mãe, que vingou sua morte matando Agamênon. Ela já é inteiramente absorvida e harmonizada pelo círculo sacrificial e pela sua terrível lógica. A única pessoa sábia desta história é Clitemnestra, que se revolta contra o sacrifício da filha, se vinga matando o marido, mas acaba sendo assassinada pelo filho Orestes. Na imaginação mítica ela fica como a que não soube se conformar e aceitar seu destino.

B

Abraão que sacrifica o próprio filho Isaac (Gn 22,1-19). Este texto legitima a fé de Abraão e o sacrifício acaba sendo interpretado como prova de Deus, fato que leva a ler as desgraças às quais o povo está submetido como provas da fé. A fé tem de ser provada, para ser verdadeira, portanto os sacrifícios são legítimos e, sobretudo, vêm de Deus! Eis a inversão semântica.

C

Jefté que sacrifica sua única filha (Jz 11,29-40). Jefté, juiz de Israel, fez o voto de sacrificar a primeira pessoa que encontrasse na sua volta da guerra em caso de vitória contra os amonitas. E quem lhe vai ao encontro é justamente a sua única filha. As semelhanças da descrição da filha de Jefté com a Ifigênia em Áulide são impressionantes. A menina, diante do desespero do pai, como Ifigênia, afirma: "Meu pai, se fizeste um voto ao SENHOR, trata-me segundo o que prometeste, porque o SENHOR concedeu que te vingasses de teus inimigos, os amonitas" (Jz 11,36). Ela também já é conformada com seu destino, pois acha que seu sacrifício é o necessário tributo a Deus pela vitória. Cada conquista exige, portanto, sua vítima!

D

A tradição do "sofrimento do justo", que é um específico gênero literário que se aplica à tradição literária de vários personagens bíblicos e da Antiguidade, como à história de Jó, ao salmista do Sl 22, ao justo perseguido do Livro da Sabedoria (2-5) e também ao filósofo grego Sócrates. O justo, para ser declarado tal, deve confirmar sua justiça com a superação de provas nas quais é testado. Por isso as perseguições, incompreensões e até a sua própria morte (como no caso de Sócrates), representam as provas necessárias que testificam sua justiça. Há todo um caminho iniciático pelo qual o pretendente a justo deve se submeter, a exemplo de Jesus, que, nos relatos evangélicos, deve enfrentar as "tentações do deserto" para depois assumir com legitimidade e autoridade sua missão pública (Mt 4,1-11). Uma das características desta tradição é a confiança em Deus ou a certeza de que sofre por uma causa justa. A personagem de Jó, como muitos salmistas, chega até a questionar e a se queixar de seu sofrimento, considerado como injusto, mas sem perder a esperança de que Deus virá libertá-lo e vingá-lo dos ímpios.

No caso da tradição do "sofrimento do justo", não há inversão, mas confirmação da justiça através do sacrifício.

A teologia sacrificial

A

A releitura da Paixão de Jesus a partir dessas estruturas míticas e sobretudo da tradição bíblica do "Servo sofredor" de Is 53 introduz, na tradição da cruz de Jesus, os conceitos de sacrifício redentor e de vítima sacrificial. A paixão do misterioso servo de Isaías, um justo injustamente sacrificado, provavelmente figura coletiva do sofrimento do povo judaico no exílio, é interpretada como paixão redentora: "ele carregava as iniquidades de todos" (cf. 53,4.6.11). De rejeitado e condenado a uma morte horrível, este misterioso servo se torna, através de seu sacrifício, bênção e salvação para todo o povo. Feito "castigo", "maldito" e vítima, "ele oferece a sua vida como sacrifício pelo pecado" (cf. 53,10). É o "bode expiatório" tão bem descrito por René Girard (2004) e que, assumindo sobre si toda a violência, acaba com a violência. A legitimação religiosa deste sacrifício cruento faz dele "o servo (ou escravo) de Jahvé", totalmente obediente à sua vontade, e lhe é garantida, por sua sua fidelidade, a promessa de prosperidade futura após a sua paixão (cf. 53,12). A inversão perigosa que a teologia sacrificial propõe é a legitimação da violência (mesmo que de uma só pessoa) para se conseguir a paz e a reconcilição. A cruz de Jesus é lida e interpretada a partir dessas categorias, e sua justificação se encontra na famosa frase do sumo sacerdote Caifás: "Não percebeis que é melhor um só morrer pelo povo do que perecer a nação inteira?" (Jo 11,50). A substituição de uma vítima por outras faz de Jesus "o bode expiatório", a exemplo do bode do Antigo Testamento, que era lançado ao deserto em sacrifício a Azazel, carregando os pecados do povo (Lv 16). Mesmo que no caso de Jesus se prefira defini-lo como "Cordeiro de Deus" (Jo 1,29-36), imagem que traz elementos de maior positividade e inocência do que a do bode, e que lembra o sangue do cordeiro pascal nas portas das casas dos hebreus que os salvou do anjo esterminador (Ex 12,7), o conteúdo da representação não muda. Dessa forma, Jesus é aproximado a todos os bodes ou cordeiros expiatórios do Antigo Testamento, dos profetas assassinados e perseguidos: Abel, José, Moisés, o Servo de Jahvé, Jonas etc. (Girard, 2004, p. 154). Assim, passa a ser "pedra viva, rejeitada pelos homens, mas escolhida e valiosa aos olhos de Deus" (1Pd 2,4): aqui está o conteúdo semântico da inversão salvadora da cruz.

Inversão que tem, porém, seu lado escuro, de legitimação religiosa da violência. De fato, rejeitar a dimensão trágica da Paixão, sua maldição, ignomínia e injustiça e aceitar apenas a sua dimensão reveladora do amor salvífico de Deus através do sacrifício cruento da vítima, é fetichizar a violência (Girard, 2004, p. 147) e confirmar a necessidade de sacrifícios. "Toda violência doravante revela o que a Paixão de Cristo revela: a gênese imbecil dos ídolos sangrentos, de todos os falsos deuses das religiões, das políticas e das ideologias" (Girard, 2004, p. 275). Aqui está a raiz perigosa da grande ênfase do Cristianismo na necessidade do sacrifício para se salvar. Aqui está também a raiz de tanta violência que manchou a história cristã. E permanece a interrogação: é legítimo uma religião falar de paz quando ela tem na sua origem um ato tão violento?

B

Finalmente, toda esta reflexão sobre a perigosa inversão da teologia sacrificial leva a refletir também sobre o mito de Lúcifer, o anjo da luz que acabou se tornando demônio. A necessidade em si de ter um bode expiatório ao qual atribuir os males que afligem a humanidade está na origem da figura de Satanás. A tradição judaica mais antiga atribui o mal ao ser humano e a Deus, pois seu progressivo fechamento monoteístico tirava qualquer possibilidade de pensar outro ser divino além de Deus. O contato cultural com o mundo oriental, sobretudo na época persa (séc. VI), trouxe elementos novos à religião judaica, como uma diferente concepção de Deus (o "Deus dos céus") e a progressiva abertura ao dualismo, com a consequente aparição e afirmação da figura de Satanás, como opositor dos seres humanos, no início, e do próprio de Deus, em seguida (Schiavo, 2000, p. 65-83). Mas o mito da origem de Satanás o coloca sempre como um ser divino decaído (Is 14,12),

Lúcifer, "o senhor da luz" que acaba se tornando "o senhor das trevas". A situação de opressão e dominação crescentes no Judaísmo tardio e a necessidade de dar uma explicação razoável ao problema do mal estão na origem da figura de Satanás, imagem simbólico/diabólica que carrega sobre si toda as culpas pelas desgraças individuais e coletivas que afligem a humanidade de ontem como de hoje. É mais um bode expiatório, outra vítima inocente injustiçada, uma resposta mimética, o fruto de uma perigosa inversão, que, afinal, nada mais revela senão nossa incapacidade de lidar com o lado obscuro de nós mesmos e da realidade.

BIBLIOGRAFIA

ARENS, Eduardo. *Ásia Menor nos tempos de Paulo, Lucas e João.* Aspectos sociais e econômicos para a compreensão do Novo Testamento. São Paulo: Paulus, 1998.

BERGSON, Henri. *Matéria e memória.* São Paulo: Martins Fontes, 1999.

BOSI, Ecléa. *Memória e sociedade.* Lembranças de velhos. São Paulo: Companhia das Letras, 2003.

BURKE, Peter. *Variedades de história cultural.* Rio de Janeiro: Civilização Brasileira, 2000.

CROSSAN, John Dominic; REED, Jonathan L. *Em busca de Paulo.* Como o apóstolo de Jesus opôs o Reino de Deus ao Império Romano. 2. ed. São Paulo: Paulinas, 2007.

CUCHE, Denys. *A noção de cultura nas ciências sociais.* Bauru: Edusc, 2002.

DERRIDA, Jacques; VATTIMO, Gianni (orgs.). *A religião.* O seminário de Capri. São Paulo: Estação Liberdade, 2000.

DURAND, Gilbert. *As estruturas antropológicas do imaginário.* São Paulo: Martins Fontes, 2001.

_____. *O imaginário.* Ensaio acerca das ciências e da filosofia da imagem. Rio de Janeiro: KFEL, 2001.

DURKHEIM, Émile. *As formas elementares da vida religiosa.* São Paulo: Paulus, 1989.

GEERTZ, C. *A interpretação das culturas.* Rio de Janeiro: Livros Técnicos e Científicos Editora S.A., 1989.

GINZBURG, Carlo. *Mitos, emblemas, sinais.* Morfologia e história. São Paulo: Companhia das Letras, 2003.

_____. *O queijo e os vermes.* O cotidiano e as ideias de um moleiro perseguido pela Inquisição. São Paulo: Companhia das Letras, 1998.

84 | MORTE E RESSURREIÇÃO DE JESUS

GIRARD, René. *O bode expiatório*. São Paulo: Paulus, 2004. 275p.

GOMES, Plínio Freire: *Um herege vai ao paraíso*. Cosmologia de um ex-colono condenado pela Inquisição (1680-1744). São Paulo: Companhia das Letras, 1997.

GRUZINSKY, Serge. *A colonização do imaginário*. Sociedades indígenas e ocidentalização no México espanhol (séculos XVI-XVIII). São Paulo: Companhia das Letras, 2003.

HALBWACHS, Maurice. *A memória coletiva*. São Paulo: Vértice, 1990.

_____. *On Collective Memory*. Chicago: Chicago University, 1992.

HINKELAMMERT, Franz J. *Sacrifícios humanos e sociedade ocidental;* Lúcifer e a Besta. São Paulo: Paulus, 1995.

HOBSBAWM, Eric; RANGER, Terence. *A invenção das tradições*. São Paulo: Paz e Terra, 2002.

JEUDY, Henri-Pierre. *Memórias do social*. São Paulo: Forense Universitária, 1990.

JOSEFO, Flávio. *Antichitá giudaiche [Antiguidades judaicas]*. Torino: Utet, 1998. v. I-II.

LARAIA, Roque de Barros. *Cultura, um conceito antropológico*. 16. ed. Rio de Janeiro: Jorge Zahar Editor, 1986.

LE GOFF, Jacques. *História nova*. São Paulo: Martins Fontes, 2001.

LÉVI-STRAUSS, Claude. *Anthropologie structurale*. Paris: Plon, 1958.

_____. Introduction à l'œuvre de Marcel Mauss. In: MAUSS, Marcel. *Sociologie et anthropologie*. Paris: PUF, 1950.

MALINOWSKI, Bronislau K. *Une théorie scientifique de la culture*. Paris: Maspero, 1968.

MARCON, Telmo. *Memória, história e cultura*. Chapecó: Argos, 2003.

MARTÍNEZ, Florentino García. *Textos de Qumran*. Petrópolis: Vozes, 1995.

ROMANO, Ruggiero. *Os mecanismos da conquista colonial*. São Paulo: Perspectiva, 1995. (Coleção Kronos, n. 4.)

ROSSÉ, Gérard. *Maledetto l'appeso al legno*. Lo scandalo della croce in Paolo e in Marco. Roma, Cittá Nuova Editrice, 2006

SCHIAVO, Luigi. A apocalíptica judaica e o surgimento da cristologia de exaltação na narrativa da tentação de Jesus (Q 4,1-13). Revista eletrônica *Oracula* 1, São Bernardo do Campo, p. 1-50, 2004.

_____. *Anjos e messias*. Messianismos judaicos e origem da cristologia. São Paulo: Paulinas, 2006.

_____. O mal e suas representações simbólicas. *Estudos da Religião* 19, São Bernardo do Campo: Umesp, p. 65-83, 2000.

_____. The Temptation Battle and the New Ethic of the First Followers of Jesus in Q. *Journal for the Study of the New Testament (JSNT)* 25/2, London: Oxford Press, p. 141-164, 2002.

SWAIN, Tânia Navarro (org.). *Você disse imaginário?* Brasília: Ed. UnB, 1993.

TÁCITO, Públio Cornélio. *Storie.* Introduzione e commento di Luciano Lenaz I-II. Milano: Rizzoli, 1966.

TURCHI, Maria Zaira. *Literatura e antropologia do imaginário.* Brasília: Ed. Unb, 2003.

WEBER, Max. *The Sociology of Religion.* Boston: Beacon Press, 1963.

WOODRUFF, Archibald Mulford. A Igreja pré-paulina. In: Cristianismos originários (30-70 d.C.). *RIBLA* 22, Petrópolis: Vozes, p. 73-83, 1995.

COMENTÁRIOS AO TEXTO "A MORTE DO JESUS HISTÓRICO", DE JOHN DOMINIC CROSSAN

PEDRO PAULO A. FUNARI*

Os acontecimentos da última semana de vida de Jesus constituem, com certeza, os mais bem rememorados pela tradição cristã. Ponto central da fé, desde as primeiras comunidades cristãs, por quase dois mil anos, os derradeiros momentos de Jesus, sua crucificação e ressurreição dos mortos constituem o que há de mais fundamental. As encenações da Semana Santa, aludidas por Crossan, logo no início do seu *paper*, podem ser consideradas das mais recorrentes e populares. Mais do que isso, todo serviço religioso cristão, de qualquer denominação, tem na última ceia o ápice religioso da fé.

Isso tudo faz com que a reconstrução de Crossan seja um convite à reflexão. Ademais, o filme de Mel Gibson *A Paixão de Cristo* encontra-se, de alguma forma, na raiz das ponderações de Crossan: como se fosse um alerta de que se trata não de história, *wie es eigentlich gewesen*, mas uma criação da fé cristã.[1] Claro que isto é uma resposta ao comentário que teria surgido em círculos do Vaticano, de que o filme teria retratado a Paixão "tal como efetivamente aconteceu". Em seguida, opõe-se a Gibson, ao focalizar a condenação de Jesus em Pilatos, não como pessoa, mas como representante do poder imperial romano. Trata-se, portanto, de uma condenação do imperialismo romano, mas também de todas as épocas e, em particular, daquele de nossos dias, britânico e norte-americano.

Aquilo que está retratado no filme de Gibson distancia-se, efetivamente, de tudo o que se pode supor sobre as últimas horas de Jesus. Sentenças capitais para judeus eram permitidas pelos romanos, em casos como blasfêmia, por apedrejamento. Jesus, como um provinciano de

---

* Professor titular do Departamento de História do IFCH/Unicamp e coordenador do Núcleo de Estudos Estratégicos (NEE/Unicamp).

[1] Cf. FUNARI, Pedro Paulo A. Resenha de John Dominic Crossan e Jonathan L. Reed, *Excavating Jesus*, 1º.7.2006. *Revista de História da Arte e Arqueologia*, v. 5, p. 153-154, 2006.

88 | MORTE E RESSURREIÇÃO DE JESUS

Nazaré, não tolerava os vendilhões do templo, contudo essenciais para o culto em Jerusalém. Ao atacar os vendedores, ameaçou a ordem dominante judaica. Na noite de sua prisão, uma das raras expressões em vernáculo de Jesus está reproduzida por Marcos (14,36): *Abba*. Segundo muitos, por corriqueira, deveria ser entendida como "papai",[2] segundo outros, como um respeitoso "Pai".[3]

Considerado um milagreiro e profeta, era visto com suspeita pelas autoridades judaicas, que só entregariam um judeu às autoridades romanas, como rebelde, se isso fosse para poupar a comunidade como um todo. Os soldados que prenderam Jesus seriam policiais do templo ou soldados romanos, como preferem Fergus Millar[4] e Paula Fredriksen?[5]

Todo o episódio do julgamento no sinédrio, ausente em João, aparece cheio de problemas: por que não teria sido condenado ao apedrejamento? Como seria possível para um seguidor de Jesus saber o que se passou a portas fechadas? Qual o motivo de as autoridades entregarem Jesus aos romanos? Segundo os sinóticos, na reunião noturna do sinédrio a acusação era blasfêmia, mas na manhã seguinte era rebeldia política (daí a entrega de Jesus aos romanos). Se o sinédrio não pudesse condenar, formalmente, alguém ao apedrejamento, como sugere o Talmude,[6] isso poderia explicar a entrega de Jesus aos romanos. Mas a lapidação de uma adúltera, impedida por Jesus, mostra como a condenação à morte não estava, necessariamente, vedada, na prática, assim como o atesta a morte de Estevão.

Levado a Pilatos uma primeira vez, Jesus teria sido dispensado pelo prefeito romano. Levado a Herodes Antipas, é interrogado, mas Herodes fica decepcionado com a mudez de Jesus e o devolve a Pilatos. Menciona-se, em seguida, um *privilegium paschale*, uma espécie de anistia que seria apanágio do prefeito na data festiva.[7] Não há, contudo,

---

[2] Cf. PERROT, Charles. *Jésus et l'histoire*. Paris: Desclée, 1993.
[3] Cf. VERMES, Geza. *The Authentic Gospel of Jesus*. Londres: Allen Lane, 2003.
[4] MILLAR, Fergus. Reflections on the trials of Jesus. *A Tribute to Geza Vermes*. Sheffield: JSOT Press, 1990. p. 355-381.
[5] FREDRIKSEN, Paula. *Jesus of Nazareth, the King of the Jews*. New York: Knopf, 1999.
[6] Cf. *The Talmud of the Land of Israel; Sanhedrin*. Translated by J. Nuesner. Atlanta: Scholars Press, 1994. p. 3, 1:5, 18a: "It was taught: Forty years before the destruction of the Temple the right to judge capital cases was withdrawn, and it was in the days of Simeon b. Shatah that the right property cases was withdrawn". Cf. BAR-ILAN, M. Jewish violence in Antiquity: three dimensions. In: ROSENBERG FARBER, Roberta; FISHBANE, S. (eds.). *Jewish Studies in Violence*. Lanham-Boulder: University Press of America, 2007. p. 71-82.
[7] VERMES, Geza. *The Passion*. London: Penguin, 2005. p. 57.

nenhuma indicação, seja jurídica, seja histórica, que permita confirmar a existência de uma prática desse tipo por parte de um magistrado romano. Menos plausível ainda seria o recurso à opinião do povo miúdo sobre quem deveria ser agraciado. Não romanos não tinham direitos e menos ainda a prerrogativa de votar no criminoso a ser libertado. Alguns, como Charles Perrot,[8] interpretam o comportamento de Pilatos no âmbito do antissemitismo. De fato, Pilatos, militar da ordem equestre, foi nomeado prefeito da Judeia em 26 d.C. Foi indicado para o posto por Sejano, braço direito de Tibério[9] e notório inimigo dos judeus. Não admira, assim, que Pilatos tenha permitido a crueldade das tropas auxiliares (*auxilia*), hostilíssimas aos judeus, que zombaram do "Rei dos Judeus". A condenação à crucificação, *crudelissimum teterrimumque supplicium*,[10] na terrível expressão de Cícero (*Verrinas* 2, 5, 168), era o castigo usual para o não romano.

Já na cruz, a frase *Eloi, Eloi, lama sabachthani?*, em aramaico, também tem gerado muita discussão. Reporta-se ao Sl 22,2, expresso não em hebraico, mas no vernáculo. Citada, portanto, na língua falada por Jesus, seria uma frase original. Por isso mesmo, teria sido ouvida e reproduzida com fidelidade? Geza Vermes, como tantos outros antes dele, é tentado a aceitar a autenticidade desse testemunho.

No final das contas, todo o relato está marcado pela construção cristã. Vermes propõe um cenário, para os acontecimentos, não para o relato cristão, minimalista. A última ceia teria sido na quinta-feira, véspera da Páscoa (14 Nisan), tendo Jesus sido preso pela polícia do templo, liderada por Judas. Foi levado ao antigo sumo sacerdote Anás para interrogação e dali enviado para o sumo sacerdote Caifás, em cuja casa passou a noite. Na sexta-feira de manhã (14 Nisan) o sinédrio se reuniu e decidiu entregar Jesus ao governador romano, acusado de sedição. Pilatos ouviu o caso e propôs ao povo a anistia a um prisioneiro.

---

[8] PERROT, Charles. *Jésus*. Paris: Presses Universitaires de France, 1998. p. 105.

[9] Cf. SUETÔNIO. *Tibério*, 36: "Externas caerimonias, Aegyptios Iudaicosque ritus compescuit, coactis qui superstitione ea tenebantur religiosas vestes cum instrumento omni comburere. Iudaeorum iuventutem per speciem sacramenti in provincias gravioris caeli distribuit, reliquos gentis eiusdem vel similia sectantes urbe summovit, sub poena perpetuae servitutis nisi obtemperassent". ["Aboliu os cultos estrangeiros, especialmente os ritos egípcios e judaicos, obrigando todos os que estavam viciados nessas superstições a queimar suas vestes religiosas e toda a parafernália. Os judeus em idade militar foram mandados servir nas províncias mais inclementes, ostensivamente para servir no exército. Outros da mesma raça e crenças semelhantes foram expulsos da cidade, sob pena de escravidão pela vida toda, se não o obedecessem".]

[10] "O mais cruel e horrível dos suplícios."

90 | MORTE E RESSURREIÇÃO DE JESUS

O povo preferindo Barrabás, Jesus foi condenado à cruz. Logo foi zombado e castigado pelos soldados romanos. Simão Cirineu foi forçado a ajudar Jesus a carregar a cruz ao Gólgota. Jesus teria sido crucificado ao meio-dia da véspera da Páscoa (14 Nisan). Ouviu-se que Jesus gritava em aramaico "Meu Deus, Meu Deus, por que me abandonaste?", tendo morrido às três horas da tarde, em presença apenas de algumas mulheres da Galileia. Com a autorização de Pilatos, José de Arimateia ou José e Nicodemo sepultaram o corpo de Jesus em uma tumba antes do pôr do sol, no dia 7 de abril de 30 d.C.

Para Crossan, a condenação de Jesus à morte é um ato político, assim como o movimento de Jesus, em vida, havia sido um movimento antes de tudo político. Tratava-se de um embate entre dois poderes em confronto: o poder da violência imperial, confrontado pelo poder da resistência não violenta. Assim se conclui o belo *paper* de Crossan. Seria possível um movimento político, na Palestina antiga, que não fosse, *in primis*, um movimento religioso? Seria possível um movimento de resistência não violenta que não fosse, antes de tudo, expressão religiosa? A expulsão dos "supersticiosos" de Roma, mencionada por Suetônio, indica esse imbricamento entre política e religião. Do ponto de vista epistemológico, as perspectivas antropológicas das últimas décadas indicam que a expressividade política em sociedades como as mediterrâneas antigas não podiam prescindir de uma dimensão simbólica, ou religiosa. Ou, ainda mais, pode-se considerar que "a religião é um mecanismo de estruturação central para a reprodução de todos os grupos humanos".[11] Neste contexto teórico, entendem-se propostas como a de Gabriele Cornelli, sobre o processo de condenação de Jesus como religioso,[12] assim como as interpretações de Paulo Nogueira sobre a experiência religiosa como fator determinante dos movimentos sociais na Palestina.[13]

Outro aspecto epistemológico a ser ressaltado se refere ao uso da cultura material para o estudo de Jesus, e da sua morte, em particular,

---

[11] OWOC, Mary Ann. Ritual, religion, and ideology, *Encyclopaedia of Archaeology*. London: Academic Press, 2007. p. 1931. Cf. INSOLL, Timothy. *Archaeology and World Religion*. London: Routledge, 2004.

[12] CORNELLI, Gabriele. A morte do "rei dos judeus". In: CHEVITARESE, André L.; CORNELLI, Gabriele; SELVATICI, Monica (orgs.). *Jesus de Nazaré. Uma outra história*. São Paulo: Annablume, 2006. p. 101-119.

[13] Cf. NOGUEIRA, Paulo A. S. Jesus de Nazaré: um profeta apocalíptico? Impasses metodológicos na compreensão de práticas religiosas judaicas no século I. In: CHEVITARESE; CORNELLI, SELVATICI, *Jesus de Nazaré. Uma outra história*, p. 293-300.

algo que Crossan bem ressalta.[14] A Arqueologia Bíblica tem ganhado muito com as abordagens Pós-Modernas, abertas à subjetividade e ao simbolismo,[15] como tem demonstrado, entre nós, André Leonardo Chevitarese.[16] Um detalhe, como o achado de um esqueleto de um crucificado, mostra como relatos considerados inverossímeis – como o que descreve a morte e o sepultamento de Jesus – se tornam plausíveis.[17]

Por fim, cabe lembrar que Crossan, em suas ousadas propostas interpretativas, nunca deixou de explicitar suas premissas, que fundam suas análises e que, se não forem aceitas, inviabilizam suas avaliações. Tal postura se baseia na certeza do caráter subjetivo do conhecimento e na independência de cada estudioso, que é convidado a construir suas próprias conclusões. Um exemplo a ser emulado.

---

[14] CROSSAN, John Dominic; REED, Jonathan L. *Excavating Jesus*. New York: Harper and Collins, 2002. [Ed. bras.: *Em busca de Jesus*. Debaixo das pedras, atrás dos textos. São Paulo: Paulinas, 2007.]

[15] Cf. SHARON, Ilan. Biblical Archaeology. In: *Encyclopaedia of Archaeology*, London: Academic Press, 2007. p. 920-924.

[16] Cf. CHEVITARESE, André L. O uso do modelo iconográfico de tipo universal (mãe/filho) pelos cristãos: Maria, Menino Jesus e a ilegalidade física do Filho de Deus. *Estudos de Religião*, São Bernardo do Campo, v. 26, p. 81-91, 2004.

[17] Cf. FUNARI, Pedro Paulo A. O Jesus histórico e a contribuição da arqueologia 1º.8.2006. In: CHEVITARESE; CORNELLI; SELVATICI, *Jesus de Nazaré*. Uma outra história, p. 217-228.

DA MORTE HISTÓRICA DE JESUS À DENÚNCIA TEOLÓGICA DO IMPERIALISMO

PEDRO LIMA VASCONCELLOS*

A leitura do texto "A morte do Jesus histórico" e a possibilidade de interagir diretamente com seu autor estão na origem desse ensaio.[1] No entanto, este deve também, e muito, ao acompanhamento que venho fazendo, há cerca de quinze anos, da trajetória deste que me permito chamar de mestre, quando me caiu nas mãos um texto seu, sobre a mal chamada "parábola dos vinhateiros" (Crossan, 1971). Já naquele texto me encantaram a clareza e a determinação de seu autor em enfrentar alguns dilemas com que a exegese das parábolas evangélicas se defrontava, mesmo que isso conduzisse a conclusões arriscadas.[2] Esses traços pude comprovar na medida em que fui tomando contato com outros textos seus, coincidentemente na mesma época em que alguns de seus principais títulos começavam a ser disponibilizados em português. Assim sendo, as linhas que se seguem expressam também a admiração pelo mestre que nos visitou na oportunidade já mencionada e o agrade-

---

* Professor assistente-doutor do Departamento de Ciências da Religião e do Programa de Pós-graduação em Ciências da Religião da PUC-SP, e ainda docente da Escola Dominicana de Teologia e do Centro Universitário Salesiano de São Paulo. Mestre em Ciências da Religião: Bíblia e doutor em Ciências Sociais: Antropologia.

[1] No dia 24 de outubro de 2007, nas dependências da Universidade Metodista de São Paulo, formou-se uma mesa para discutir a conferência de John Dominic Crossan intitulada "A morte do Jesus histórico". Quero agradecer ao professor Paulo Augusto de Souza Nogueira, coordenador dos trabalhos, pelo convite para compor tal mesa e aos colegas Luigi Schiavo e Pedro Paulo Funari, com quem dividi a honrosa incumbência de propor algumas questões ao conferencista.

[2] O contexto de minhas leituras àquela época, e de meu contato com o trabalho de Crossan, era o da confecção de minha dissertação de mestrado, orientada pelo Professor Paulo Nogueira (Vasconcellos, 1994). Nesse estudo, ao mesmo tempo rigoroso e fascinante, Crossan distingue claramente entre parábola e alegoria e se recusa a tomar como um pressuposto não justificado que a significação primeira da parábola de alguma maneira tivesse de apontar para a compreensão alegórica que os sinóticos imporiam a ela. Contrariamente, mostra como os relatos alegóricos, pelo fato de não serem coerentes em seu conjunto, são secundários. Além disso, leva a sério o texto do *Evangelho segundo Tomé*, mostrando sua importância para a recuperação dos contornos que Jesus teria dado à sua parábola dos vinhateiros.

cimento pelo muito que, ao longo desses anos, pude aprender na leitura de seus textos.

No entanto, assumo aqui, como ponto de partida, o referido texto de Crossan sobre a morte de Jesus publicado neste volume. A ele dirijo basicamente a reflexão dos dois tópicos seguintes, acrescida de mais uma consideração de ordem mais geral, que alargam meu olhar para outros aspectos da obra do mestre.

A MORTE DO JESUS HISTÓRICO E A MORTE DE JESUS SEGUNDO OS EVANGELISTAS

A leitura do brilhante texto de Crossan sobre "a morte do Jesus histórico", além das sempre surpreendentes provocações a mim suscitadas, produziu-me também uma sensação, que na verdade era a mesma que me dominara quando tomei contato com outro texto seu a respeito do mesmo assunto, escrito em parceria com Marcus Borg, e recentemente publicado em português: *A última semana* (2007). Quando vi o subtítulo, "um relato detalhado dos dias finais de Jesus", que corresponde bem ao original inglês, imaginei que haveria de encontrar, talvez de forma mais narrativa que analítica, o argumento de fundo que pude ler em anteriores trabalhos do autor, a começar de *Quem matou Jesus?* (1995a), mas também de capítulos sobre o tema em seus *O Jesus histórico* (1994) e *Jesus: uma biografia revolucionária* (1995b). Esperei encontrar novas hipóteses ou reconstruções históricas a partir do *Evangelho da cruz*, suposto texto que estaria na base de nossas conhecidas narrações da Paixão, e ainda daquela que se lê no *Evangelho de Pedro*, escrito apócrifo pouco conhecido, argumento que Crossan propõe e defende brilhantemente em *The Cross that Spoke* (1988).[3] Estava convencido de que haveria de reencontrar, com outros fundamentos ou em outra perspectiva, a argumentação segundo a qual as narrativas da Paixão de Jesus, especialmente as canônicas, expressariam prioritariamente "profecia historicizada" e menos "história relembrada". Em outras palavras: as narrativas da Paixão, tão conhecidas pela leitura e, ainda mais, cravadas no imaginário coletivo ocidental, deveriam seus dramáticos contornos muito mais às intencionalidades teológicas dos evangelistas e às imbricações que, ainda antes

---

3 A publicação desse livro colocou Crossan no centro de um debate acalorado, que se prolongou por vários anos e ganhou significativo espaço na mídia estadunidense, particularmente ao suscitar decidida reação de Raymond Brown, que nesse contexto produziu seu monumental *The Death of the Messiah* (1994).

DA MORTE HISTÓRICA DE JESUS À DENÚNCIA TEOLÓGICA DO IMPERIALISMO | 95

da escrita, foram sendo estabelecidas com as Escrituras judaicas a partir de uma pálida referência às circunstâncias históricas da morte de Jesus, e muito menos a um detalhado substrato histórico que as sustentaria, como em geral se costuma pensar, e não só entre as pessoas em geral, mas também entre teólogos e exegetas, como o próprio Raymond Brown.

No entanto, qual não foi minha surpresa quando, em vez disso, deparei-me com um estimulante comentário aos últimos capítulos de Marcos que levava o subtítulo de "um relato detalhado dos dias finais de Jesus"! Não pude esconder de mim mesmo a impressão de um certo desconcerto, mas tratei de me perguntar o motivo dessa opção que, além de tudo, me colocava em contato com um Crossan comentador e intérprete dos textos evangélicos, que não se coadunava muito com minha imagem de um Crossan preocupado com aquilo que as tradições escritas, especialmente aquelas que posteriormente foram canonizadas, ocultaram, esqueceram ou apenas deixaram entrever a respeito de Jesus e dos primórdios cristãos. Justamente aqui se me coloca o impasse: até que ponto Marcos oferece um relato da "morte do Jesus histórico", título do ensaio mais recente de Crossan a esse respeito? Pode-se notar um sutil deslocamento de perspectiva quando, da polarização anterior entre "profecia historicizada" e "história relembrada", com prioridade para a primeira em detrimento da segunda, como vimos Crossan defender, encontramo-lo agora afirmando, junto com Borg, que o relato marcano da morte de Jesus "não é uma 'descrição estrita', mas sim, como todos os Evangelhos, uma combinação de história lembrada e de história interpretada. É a história de Jesus 'atualizada' para a época em que a comunidade de Marcos vivia" (2007, p. 9). Talvez não signifique muito que, agora, a expressão "profecia historicizada" dê lugar a "história interpretada"; mas será que ambas têm o mesmo significado? Pode ser mera impressão desse comentador e admirador de Crossan, mas, ao fim, ficou-me a sensação de que Crossan vem crendo mais na fidedignidade de Marcos, escrito perto dos anos 70 do século I, em relação aos eventos referentes aos "dias finais de Jesus", por volta dos anos 30 do mesmo século. Seria isso mesmo? E, em caso positivo, que dizer dos argumentos e proposições defendidos por Crossan nos trabalhos anteriores? Estaria ele acentuando agora mais as continuidades no processo traditivo, oral e escrito e menos as descontinuidades? Mas, ainda que assim seja, a afirmação de Borg e Crossan segundo a qual "o Evangelho de Marcos é o mais antigo, o primeiro relato narrativo sobre a última semana de Jesus"

(2007, p. 9) sugere que ignoremos as hipóteses anteriores de Crossan a respeito de um suposto "Evangelho da cruz"? Essa aproximação entre a Paixão histórica de Jesus e o relato marcano a respeito dela minimizariam a importância de se considerarem os "quatro estágios sucessivos no crescimento da tradição da Paixão", quais sejam: a "Paixão histórica", a "Paixão profética", a "Paixão narrada" e, finalmente, a "Paixão polêmica" (Crossan, 1995a, p. 254-255)?[4]

No fim das contas, essas considerações seriam desnecessárias se o título e o subtítulo do livro, e ainda o título da conferência de Crossan sobre a morte de Jesus, explicitassem que, ao contrário do que sugerem, eles não estão preocupados em propor "uma reconstrução histórica da última semana de Jesus na terra. Nosso [de Crossan e de Borg] propósito não é distinguir o que realmente aconteceu dos diferentes registros nos quatro Evangelhos" (2007, p. 9). Se o subtítulo do livro em questão indicasse que este se tratava dos últimos dias de Jesus *segundo Marcos*, tudo estaria resolvido. Como isso não está dito, e não quereria entender isso como resultado de artifícios mercadológicos (afinal de contas, a morte histórica de Jesus repercute junto ao grande público muito mais do que os relatos a respeito dela, principalmente se estes são tidos como de alguma forma distanciados dos eventos a que se referem), só posso concluir que, no estágio mais recente dos estudos de Crossan a respeito do tema, ou há essa efetiva maior proximidade entre os eventos históricos da morte de Jesus e os relatos (particularmente Marcos) a respeito dela, ou que as investigações sobre os diversos estágios entre a "paixão histórica" e a "paixão narrativa" perderam, para ele, total ou parcialmente sua relevância.[5]

Seja qual for a opção (e nada impede que as duas se somem), o Crossan dos escritos anteriores me ensinou a olhar com desconfiança tanto para essas tentativas de aproximação entre evento e narração como para o desinteresse por aquilo que está entre ambos; ensinou-me a distinguir, com a maior clareza possível, entre história e interpretação (sem necessariamente as opor). E é por isso que tenho aprendido que tenho dificuldades em, voltando à conferência de Crossan, aceitar que considerações absolutamente pertinentes sobre o relato da Paixão de Jesus *em*

---

[4] Nessa esquematização o relato de Marcos estaria a meio caminho entre a "Paixão narrada" e a "Paixão polêmica"...

[5] É curioso que Borg e Crossan deixem para discutir as distinções entre "história relembrada" e "profecia historicizada", ou entre "história" e "parábola", terminologias que parecem preferir mais recentemente, apenas quando passam a comentar os relatos da Páscoa, onde efetivamente a questão se coloca, mas a partir de outra ordem de problemas.

Marcos (a que ainda voltaremos) possam ser intituladas simplesmente "A morte do Jesus histórico". Afinal de contas, cada um dos evangelistas, mesmo Marcos, produz a respeito dos dias e das horas finais de Jesus um relato muito denso, concentrando nele muitos dos propósitos de toda a narração que compôs. E penso que, por motivos que não me são suficientemente claros, os evangelistas tenderam a ocultar a razão imediata da condenação de Jesus à morte de cruz.[6] Um caso, mencionado de maneira muito feliz por Crossan na sua conferência, é mais do que ilustrativo: a cena em que Jesus e Pilatos discutem a respeito do reino deste mundo e o Reino de Deus é extremamente reveladora do caráter anti-imperialista do relato evangélico e do posicionamento de Jesus em seu interior, mas diz pouco, ou nada, sobre aquilo que terá levado Pilatos a julgar necessário eliminar Jesus.[7]

Existiria, contudo, algum ponto detectável que poderia ter conduzido à tomada dessa decisão? Meu palpite (e é mais palpite que outra coisa, pois não desenvolvi mais profundamente essa que me parece uma posição bastante plausível) é que a posição de Jesus a respeito dos impostos romanos, algo aludido por Crossan, junto com Jonathan Reed, em seu recente *Em busca de Jesus*, terá sido mais do que uma palavra isolada (2007a, p. 209-210). Afinal de contas, "no princípio havia a realização, não apenas a palavra, não apenas o ato, mas ambos, cada um marcado pelo outro para sempre" (Crossan, 1994, p. 11). Esse posicionamento em palavra e ação, que coloca Jesus perto de gente como Judas, o galileu, cuja saga é registrada por Josefo e mencionada em At 5,37 (Horsley; Hanson, 1995, p. 166-173), poderia lançar luzes sobre o desfecho que o Império Romano, representado por Pilatos e apoiado pela aristocracia sacerdotal de Jerusalém, pretendeu impor a Jesus?

A HISTÓRIA PRETERIDA EM FAVOR DE UM SADISMO APRAZÍVEL

Crossan justifica, tanto em sua conferência como no livro que escreveu com Borg, que sua opção em trabalhar com o relato marcano da Paixão, deixando na penumbra procedimentos metodológicos e opções exegéticas anteriores, foi motivada em grande parte pela constatação dos

---

[6] O motivo poderia ser que, naquele cenário, o simples suplício da cruz já falasse por si?

[7] Sem contar que, como o próprio Crossan mostra brilhantemente, para a confecção da cena do julgamento de Jesus por Pilatos (e também Herodes, no caso de Lucas), "no começo foi o Sl 2" (1995a, p. 103).

efeitos deletérios produzidos pelo filme de Mel Gibson *A paixão de Cristo*. Borg e Crossan se confessam até certo ponto surpresos ao constatarem o poder que o filme manifestou ao trazer para as primeiras páginas dos jornais e revistas, quase dois mil anos depois de ocorrida, a morte de Jesus (2007, p. 7). Se, de um lado, até certo ponto surpreende que tanto Borg quanto Crossan se tenham surpreendido com o impacto do filme de Gibson, revelador tanto de que a maioria das pessoas parece não conhecer a história evangélica (2007, p. 9), como do fato de que leituras da morte de Jesus em chave anselmiana têm tido vida longa e penetração profunda no inconsciente religioso cristão geral,[8] por outro lado pode-se constatar, com satisfação, a disposição de Crossan em colocar sua poderosa inteligência e acuidade não apenas a serviço da investigação histórica, mas também da reproposição de temas da teologia cristã que poderão ser aclarados em alguns de seus termos se submetidos ao confronto com a história de Jesus e dos primórdios cristãos que uma leitura acurada dos textos neotestamentários proporciona.

Assim, é muito gratificante percorrer as páginas em que, em sua conferência, Crossan discute "o significado do sacrifício" e discorre sobre a confusão, encontrada em uma certa teologia de longa duração no seio do Cristianismo, "entre *sacrifício, substituição* e *sofrimento*", e sobre o equívoco de se considerar que nas menções neotestamentárias ao sacrifício de Jesus devam necessariamente supor-se os aspectos "sofrimento" e "substituição". Ecoo, portanto, a pergunta de Crossan à história da teologia sobre por que é tão difícil distinguir morte de Jesus *por causa* de nossos pecados, morte de Jesus *desde* (*from*, em inglês) nossos pecados e morte de Jesus *por* nossos pecados. De onde vem essa confusão tão aprazível a tantos setores do povo cristão e tão deletéria em termos teológicos e em outros âmbitos, sociais, políticos e religiosos?[9]

A OBRA DE CROSSAN E A TEOLOGIA DA LIBERTAÇÃO

Embora submetida a críticas que não provêm apenas do campo conservador da teologia cristã e exegese bíblica (Schüssler-Fiorenza, 2005), os trabalhos de Crossan têm sido recebidos com simpatia entre

---

[8] Num dos debates de que participei quando da celeuma que o filme provocou por aqui, ouvi um analista refletindo, de maneira muito perspicaz, que "o povo se emocionou com o filme porque este mostrou e disse aquilo que o povo queria ouvir e ver".

[9] A respeito dessa questão permanece uma referência importante o trabalho de Leonardo Boff (1977).

os estudiosos e pesquisadores bíblicos mais ou menos afinados com o ideário representado pela Teologia da Libertação.[10] E, embora em algum momento Crossan afirme não querer fazer do notável teólogo e ativista Albert Schweitzer um teólogo da libertação antes do tempo, até porque este não denunciou o imperialismo de seu tempo nem enfrentou de forma orgânica, no plano teórico, as questões sociais e políticas de seu tempo (2004, p. 317), atrevo-me a pensar em John D. Crossan como companheiro, e também inspirador, de esforços que vêm sendo feitos aqui na América Latina (mas também fora dela), em condições materiais às vezes muito precárias, e em ambientes eclesiais tantas vezes hostis, para se elaborar uma teologia que esteja sintonizada com elementos fundamentais da espiritualidade bíblica, e que Crossan vê sintetizados, por exemplo, no Sl 82, que ele considera o texto mais importante da Bíblia judaico-cristã (2004, p. 605).

Efetivamente, os trabalhos de Crossan recolocam em bases novas e inspiradoras algumas das intuições mais importantes que a Teologia da Libertação vem procurado desenvolver, como o caráter radicalmente anti-imperialista da atuação do Jesus histórico e dos relatos evangélicos e a centralidade tanto dessa visão política fundada teologicamente como da correspondente visão teológica comprometida politicamente nessa perspectiva anti-imperialista. Esse tópico, ao mesmo tempo político e teológico, indispensavelmente atual em tempos de fundamentalismos e terrorismos imperiais, como o emanado do profundamente religioso presidente Bush, ao se converter em chave teológica cada vez mais central para Crossan, permite-lhe perceber que mesmo Paulo, que em O *nascimento do cristianismo* aparece como obstáculo à recuperação das práticas religiosa e socialmente igualitárias, e radicalmente anti-imperialistas, do Cristianismo dos primórdios, venha emergir mais recentemente como "o apóstolo de Jesus" que "opôs o Reino de Deus ao Império Romano".[11]

E, ao acentuar isso que demanda ser acentuado, Crossan vem sendo acusado de sobrepor a faceta sociopolítica em relação ao especificamente religioso na análise de Jesus e dos primórdios cristãos. Nos termos de François Bovon, para Crossan "o Cristianismo é um movimento de resistência social com conotações religiosas", enquanto para ele "o Cristianis-

---

[10] A própria discussão, a que apenas aludimos acima, sobre os problemas implicados no entendimento da morte de Jesus como sacrifício, aproxima Crossan de interesses marcantes das reflexões cristológicas inspiradas na Teologia da Libertação.

[11] Subtítulo do livro que Crossan escreveu junto com Jonathan L. Reed a respeito de Paulo (2007b).

mo seria um movimento religioso com compromissos sociais e políticos" (2001, p. 374). Não tem sido diferentes, no teor, as acusações feitas contra alguns dos mais destacados teólogos da libertação e a própria teologia da libertação em geral.

No entanto, ao recuperar a profunda imbricação entre religião (não qualquer uma!) e política (de novo, não qualquer uma!) como decisiva para caracterizar faceta decisiva da dinâmica histórico-religioso de Israel e do Cristianismo dos primeiros tempos, manifesta em tantos, e por vezes divergentes, movimentos e tradições, Crossan possibilita oportuna e necessária reflexão sobre os pressupostos, no fim das contas "sarcofóbicos" (neologismo de Crossan [2004, p. 30]!) e incrustados no Cristianismo desde quando este se permitiu metamorfosear, em muitas de suas vertentes e configurações históricas, em um "platonismo para as massas".[12]

PARA CONCLUIR

Como afirmei na introdução, as linhas que ora chegam ao fim têm um acento autobiográfico que julguei necessário destacar, na medida em que reconheço no contato com a obra historiográfica de John Dominic Crossan, com suas agudas digressões sobre as definições metodológicas desse trabalho, um elemento importante em minha formação acadêmica e intelectual. O que aqui se procurou apresentar foi apenas uma faceta dessa interação que venho estabelecendo com a obra do mestre Crossan, e nesse sentido o que aqui registrei não deixa de ser um tributo. Mas, apenas com o propósito de reiterar, destaque-se aquela que, ao que me parece, seja a principal contribuição de Crossan para os estudos bíblicos e a teologia em geral: o respeito pela história, o empenho em definir e explicitar com a maior clareza possível as formas de seu método, que trata de incluir e fazer interagir Antropologia, Sociologia, Arqueologia com as já tradicionais, no campo da exegese, práticas de ordem literária. Os resultados têm sido hipóteses de reconstrução, sempre discutíveis, mas principalmente fascinantes e plausíveis.

---

[12] A expressão, como se sabe, é de Nietzsche, mas a denúncia da progressiva "platonização" do Cristianismo já era feita por Tertuliano, na virada do século II para o III. Crossan tem páginas importantes a esse respeito (2004, p. 28-37), embora tenda a compreender, a nosso ver de maneira discutível, Paulo como o primeiro promotor, no interior do Cristianismo, de um dualismo antropológico de coloração platônica. No já citado *Em busca de Paulo* essa tendência analítica tende a diluir-se, ao menos até certo ponto.

BIBLIOGRAFIA

BOFF, Leonardo. *Paixão de Cristo, paixão do mundo*. Petrópolis: Vozes, 1977.

BORG, Marcus J.; CROSSAN, John D. *A última semana;* um relato detalhado dos dias finais de Jesus. Rio de Janeiro: Nova Fronteira, 2007.

BOVON, François. A review of John Dominic Crossan's *The Birth of Christianity. Harvard Theological Review*, Cambridge, v. 94, n. 3, p. 369-374, 2001.

BROWN, Raymond E. *The Death of the Messiah;* from Gethsemane to the Grave. A Commentary on the Passion Narratives in the Four Gospels. New York: Doubleday, 1994. 2v.

CROSSAN, John D. *Jesus;* uma biografia revolucionária. Rio de Janeiro: Imago, 1995b.

_____. *O Jesus histórico;* a vida de um camponês judeu do Mediterrâneo. Rio de Janeiro: Imago, 1994.

_____. *O nascimento do cristianismo*: o que aconteceu nos anos que se seguiram à execução de Jesus. São Paulo: Paulinas, 2004.

_____. *Quem matou Jesus?* As raízes do antissemitismo na história evangélica da morte de Jesus. Rio de Janeiro: Imago, 1995a.

_____. *The Cross that Spoke;* the Origins of the Passion Narrative. San Francisco: Harper & Row, 1988.

_____. The Parable of Wicked Husbandmen. *Journal of Biblical Literature*, Atlanta, 1971. n. 90, p. 451-465.

_____; REED, Jonathan L. *Em busca de Jesus;* debaixo das pedras, atrás dos textos. São Paulo: Paulinas, 2007a.

_____; _____. *Em busca de Paulo;* como o apóstolo de Jesus opôs o Reino de Deus ao Império Romano. São Paulo: Paulinas, 2007b.

HORSLEY, Richard A.; HANSON, John. *Bandidos, profetas e messias;* movimentos populares no tempo de Jesus. São Paulo: Paulus, 1995.

SCHÜSSLER-FIORENZA, Elizabeth. *Jesus e a política da interpretação*. São Paulo: Loyola, 2005.

VASCONCELLOS, Pedro Lima. *Uma parábola rebelde;* textos e contextos na história da parábola dos vinhateiros. Dissertação de mestrado. São Bernardo do Campo: Universidade Metodista de São Paulo, 1994.

O JESUS HISTÓRICO NA HERMENÊUTICA DE JOHN DOMINIC CROSSAN E AS PESQUISAS DE RELIGIÃO

JONAS MACHADO*

Inicialmente, quero agradecer a oportunidade que me é dada de participar deste debate científico tão significativo. Sou muito grato ao professor doutor Paulo Nogueira pelo convite para estar nesta mesa. Sinto-me honrado por participar, junto com mestres e colegas, de um diálogo com um dos nomes mais conhecidos mundialmente na pesquisa sobre o Jesus histórico, John Dominic Crossan, e ponderar sobre suas ideias.

Tais ponderações que ora apresento seguirão a ordem das palestras e pontuarão as questões principais que me ocorreram ao ler e ouvir as palavras do professor Crossan, questões que incluem tanto apreciações pela perspicácia da abordagem como dúvidas e questionamentos que delas decorreram. Concentro-me aqui, basicamente, nas palestras proferidas, sem fazer referência ao mais amplo trabalho do professor Crossan desenvolvido em outros lugares sobre o Jesus histórico.

É claro que um texto como este não tem por objetivo encontrar respostas a todos os questionamentos que surgiram, nem será possível que o professor Crossan os responda. Entretanto, o que ficar como pergunta poderá servir, espero, para que os leitores desenvolvam e enriqueçam o debate.

Vale dizer, ainda, que apresento também um resumo do que é para mim o cerne de cada palestra, incluindo a que não consta neste livro sobre a vida de Jesus. Faço isto porque, mesmo que o leitor tenha em mãos os textos de Crossan, considerei importante demonstrar como os entendi e quais foram meus pontos de partida para as minhas ponderações.

---

* Doutor em Ciências da Religião pela Universidade Metodista de São Paulo (Umesp), mestre em Teologia pela Faculdade Teológica Batista de São Paulo (FTBSP) e professor na área de Exegese e Hermenêutica do Novo Testamento na FTBSP.

Palestra 1
A vida do Jesus histórico

Já no prólogo de seu texto o professor Crossan apresenta, em forma de perguntas, seu ponto de partida para investigar a vida de Jesus de Nazaré. A questão que o norteia é por que Jesus aparece nos Evangelhos frequentemente nas praias do mar da Galileia (Marcos, Mateus), ou lago de Genesaré (Lucas). Ele se preocupa em responder porque Jesus deixou Nazaré para morar em Cafarnaum e viver na beira do lago, tendo em vista a questão mais geral que se faz sobre o porquê Jesus ter ganhado notoriedade justamente a partir dali e daquela época.

Para Crossan, existe uma "matrix" histórico-geográfica na qual Jesus viveu. Mais do que um "background", trata-se de um contexto socio-político-religioso que foi interativo e recíproco em relação a Jesus, isto é, Jesus não só viveu nele, mas foi por ele influenciado, interagiu com ele e o influenciou.

É com isso em mente que Crossan entende a questão no âmbito do programa imperial que denomina "Romanização por urbanização para comercialização" imposto na Galileia por Herodes Antipas e seus interesses pessoais de se tornar rei de toda a terra dos judeus.

Em seus atos (Crossan enumera seis) para alcançar seus objetivos pessoais, Herodes Antipas, sem sucesso no tempo de César Augusto, tenta uma nova jogada com a subida de Tibério ao trono. Cria uma nova capital de sua região às margens do lago, dá-lhe o nome de "Tiberíades" em homenagem ao novo imperador e impõe novas taxas para aumentar a arrecadação e chamar a atenção do imperador para si, mas, ao mesmo tempo, causa uma grande opressão aos pescadores que outrora viviam sem o peso de tais impostos. Para Crossan, tal opressão é simbolizada, embora não provada, pelo barco do primeiro século encontrado às margens do mar da Galileia em 1985, que ele menciona no epílogo de sua palestra. Tal barco ficou conhecido como "A escavação desde o inferno" por causa do estado precário em que se encontrava já em sua época, como símbolo das dificuldades dos pescadores provocadas pelas atitudes de Antipas.

Nesse contexto de opressão, segundo Crossan, João Batista e Jesus surgem como um incômodo para a pretendida popularidade de Herodes Antipas com sua aliança conjugal herodiana/asmoneana quando condenam tal tipo de união conjugal.

O Jesus histórico na hermenêutica de John Dominic Crossan | 105

Ao que parece, Crossan está sugerindo que Herodes "pisava em ovos" para evitar qualquer reação popular contra ele, mas se viu ameaçado pelos movimentos do Batista e de Jesus. Entretanto, não há registros de uma reação direta desses dois profetas populares à opressão econômica propriamente dita causada ou agravada pelos impostos.

Na sequência, o professor Crossan apresenta uma espécie de comparação entre João Batista e Jesus. Ao que tudo indica, considera que Jesus foi batizado por João como seguidor deste, o que os Evangelhos, segundo ele, tentam contornar dando outra explicação para um fato inegável – o fato histórico de que Jesus foi batizado por João.

Em suma: para Crossan, João tinha uma pregação escatológico-apocalíptica da iminência do Reino de Deus. Este deveria ser implantado por meio de uma transformação, de uma "grande limpeza divina do mundo", o que, de fato, não ocorreu.

O Reino de Deus deve ser entendido como a vontade de Deus estabelecida aqui na terra, e não como um rapto da dimensão terrestre para uma dimensão celestial, como deixa transparecer a má interpretação da expressão mateana "Reino dos Céus". Mas a interpretação comum, adotada por Crossan, de que "Reino dos Céus" em Mateus é apenas um eufemismo para "Reino de Deus" precisa enfrentar o fato de que Mateus também usa "Reino de Deus" (por exemplo, em 19,24).

Conforme Crossan, Jesus teria originalmente aceitado a mensagem de João, mas posteriormente, com a morte de João, Jesus teria mudado para uma ênfase na presença de Deus. Essa ênfase estaria relacionada a um programa comunitário de Jesus que basicamente consistia em curar os doentes, comer com aqueles que foram curados e anunciar o Reino de Deus nessa mutualidade.

Não deixa de ser perspicaz e interessante a visão de Crossan de que o ministério de João foi um monopólio e o de Jesus foi comunitário. Isto explicaria, pelo menos em parte, porque o trabalho de João não sobreviveu às gerações, enquanto o de Jesus floresceu com seus seguidores. Tal concepção pode ajudar a entender o sucesso e fracasso de movimentos religiosos. Mas é também preciso perguntar se a questão não está muito mais ligada a outras coisas, como à execução prematura de João.

Embora apresente a pregação de João Batista e a de Jesus em contraste com o Império Romano representado por Herodes Antipas, Crossan insiste em dizer que o Reino de Deus é 100% político e 100% religioso. É interessante notar que ele faz tal afirmação já para corrigir a conclusão crítica de um colega de que, na visão de Crossan, o Cristianismo primitivo teria sido um movimento político com sobretons religiosos.

Mas, em termos de metodologia, é difícil fugir desta percepção crítica, apesar da insistência de Crossan. Em seu último parágrafo, ele afirma que é justamente às margens do mar da Galileia que o Deus radical de Israel se confronta com a civilização romana debaixo do governo de Herodes Antipas naqueles anos. Essa visão do movimento do Batista e de Jesus é basicamente sociopolítica. A impressão que fica é de que a religião vem a reboque como instrumento de reação a uma realidade econômica e social. A religião é analisada desta perspectiva e não por seus próprios méritos, isto é, a religião não recebe e, mais do que isto, parece que não merece uma análise *per se*. Isso não tira a legitimidade da abordagem de Crossan, mas evidencia um reducionismo metodológico que precisa ser considerado quanto aos resultados.

PALESTRA 2
A MORTE DO JESUS HISTÓRICO

Em sua palestra sobre a morte de Jesus, poderíamos dizer que Crossan faz basicamente duas abordagens, uma histórica e outra teológica. A primeira se preocupa com o que historicamente aconteceu na chamada "Paixão de Cristo", isto é, o que levou Jesus de Nazaré a ser executado na cruz. A segunda se preocupa com o significado da morte de Jesus conforme apresentada pelos Evangelhos e pelos cristãos. Ele tem em vista, principalmente, uma crítica ao famoso filme de Mel Gibson *A Paixão de Cristo* porque o filme representa uma opinião largamente (e erroneamente, segundo Crossan) aceita sobre o que teria acontecido a Jesus e por qual motivo, tanto no sentido histórico como no teológico.

Do ponto de vista da história, Crossan entende que a chave é a multidão contrária a Jesus diante de Pilatos apresentada por Mc 15,6-9 e mal interpretada por Mateus, Lucas, João e a Cristandade em geral, má interpretação representada pelo filme de Mel Gibson. Portanto, não se trata apenas de uma crítica ao filme de Gibson, mas a toda uma ampla linha de interpretação cristã da morte de Jesus que ele representa, notoriamente na América do Norte.

Por trás da questão histórica está o antissemitismo, tão comum como resultado da história da interpretação cristã sobre a morte de Jesus e de especial relevância nesta era pós-Holocausto.

O JESUS HISTÓRICO NA HERMENÊUTICA DE JOHN DOMINIC CROSSAN | 107

O problema é que, tradicionalmente, no Domingo de Ramos teria havido uma multidão que foi favorável a Jesus, mas que se tornou hostil logo depois no seu julgamento perante Pilatos. Mesmo o filme de Gibson, embora não faça referência ao Domingo de Ramos, retrata uma grande multidão pedindo a morte de Jesus.

O professor Crossan pergunta qual teria sido o motivo para uma multidão tão entusiasmada aclamando Jesus no Domingo de Ramos ser levada a se tornar tão hostil a ponto de pedir sua morte por crucificação e a libertação de Barrabás. Mais ainda, se a morte de Jesus era a vontade da grande multidão, então, por que prendê-lo secretamente?

Crossan acredita que há um tradicional erro na exegese de Mc 15,6-9 representado pelos outros evangelistas e pela teologia tradicional – um texto que deve ser entendido no contexto mais amplo que dá os motivos para a execução de Jesus.

Com uma combinação dos dados em Marcos com Josefo e o historiador Tácito, Crossan concluiu que Jesus tinha o apoio do povo e que dois eventos foram decisivos para sua prisão. A chamada "entrada triunfal de Jesus em Jerusalém" e o evento conhecido como "purificação do templo" foram, na verdade, um protesto aberto contra qualquer colaboração das autoridades religiosas judaicas com a autoridade e violência imperial.

Esta abordagem histórica de Crossan tem seus méritos mas deixa algumas questões. A prisão secreta de Jesus poderia ser explicada, por exemplo, não porque o povo apoiaria Jesus em qualquer circunstância, mas porque, uma vez que Jesus era uma figura popular, as autoridades queriam evitar *qualquer* tipo de reação do povo, que, naquela altura, não era possível prever com certeza qual seria – nem se, de fato, haveria.

Além disso, não é difícil imaginar uma multidão outrora entusiasta a favor de Jesus, mas volúvel, e agora passiva perante as autoridades diante de algumas vozes apoiadas por estas pedindo a crucificação de Jesus. A abordagem generalizante dos Evangelhos poderia ser explicada assim, embora, de fato, seja mais provável que tenham sido algumas vozes ligadas às autoridades que gritavam pedindo a sentença máxima.

Tais ponderações acima não são uma alternativa à interpretação do professor Crossan, mas apenas ilustram como sua abordagem pode ter sido simplista demais. Embora Crossan possa estar certo nas linhas gerais, é preciso reconhecer que as coisas geralmente são mais complexas do que parecem.

Entretanto, e de qualquer forma, o antissemitismo é desenvolvimento teológico posterior. Sempre é importante lembrar o óbvio, isto é, que os primeiros cristãos também eram judeus. Eles estavam envolvidos em nada mais do que uma disputa judaica interna, tão comum no período, algo muito diferente das violentas reações por parte de cristãos contra judeus ocorridas posteriormente na história.

Quanto à interpretação teológica da morte de Jesus, Crossan está disposto a apostar todas as fichas contra a tradicional hermenêutica do sacrifício vicário, ou da teoria da substituição para satisfação divina quanto à ofensa provocada pelo pecado humano. Ele censura o filme de Gibson pela ênfase no sofrimento vicário de Jesus, que faz parte da compreensão tradicional da Paixão de Cristo. Para Crossan, tal interpretação teológica é "um crime contra a divindade".

A morte de Jesus, segundo Crossan, é um sacrifício. Não um sacrifício pelos nossos pecados, mas por causa deles e a partir deles. É um sacrifício no sentido de que Jesus, como qualquer outro mártir, se tornou um exemplo que alerta para a violência brutal da civilização que Crossan entende como "Nosso Pecado". A "salvação", aqui, é possível se dermos ouvidos a este alerta.

Nesse sentido, para Crossan, Pilatos foi o mais importante intérprete de Jesus no Novo Testamento porque ele viu a diferença entre o Nazareno e Barrabás, isto é, que este era um revolucionário violento, enquanto aquele era um revolucionário não violento.

Toda esta construção de Crossan está baseada em sua afirmação inicial de que a questão mais profunda é a teológica em comparação ou contraste com a questão da "narratividade" e "historicidade".

Mas neste ponto parece que Crossan passou muito rápido para uma interpretação atualizada da morte de Jesus. Será que a afirmação de que Pilatos foi o mais importante intérprete de Jesus significa que devemos rejeitar as outras interpretações oferecidas? Como os primeiros cristãos entenderam a execução de Jesus? Entenderam sempre do mesmo modo? Crossan dá a impressão de que não está interessado nesta pergunta porque não a leva muito em conta.

Mas tal questão vem à tona quando ele afirma que os que oferecem sacrifício nunca pensaram que o animal tinha de sofrer e nem que a morte dele era uma substituição pelos pecados.

De fato, os Evangelhos não dão atenção descomunal ao sofrimento de Jesus. Parece que estão mais interessados na condenação de um inocente. É certo que a ideia de fazer o animal sofrer como parte integrante e importante do sacrifício é estranha.

Mas a afirmação de Crossan de que os que sacrificam nunca pensaram em substituição precisa ser abordada com cautela. A questão aqui não é se concordamos com a(s) interpretação(ões) dos primeiros cristãos sobre o "sacrifício" de Jesus ou com as interpretações de outros a respeito do significado dos sacrifícios praticados amplamente na Antiguidade, ou, ainda, se devemos apresentar a morte de Jesus de modo aceitável para o tempo em que vivemos. Esses são problemas internos para a teologia cristã, mas não para o estudo da religião.

Entretanto, a abordagem histórica, e mesmo teológica, precisa perguntar sobre como a morte de Jesus foi entendida pelos seus contemporâneos e também pelos seus primeiros seguidores. Estes últimos recebem especial importância porque remonta a eles nossa herança cristã ocidental e também as principais fontes que temos para analisar historicamente o movimento de Jesus que deu origem à Cristandade. Como disse Ernst Käsemann,[1] "os inícios [...] contêm a lei que rege o futuro".

Não é o caso aqui de entrar no debate amplo sobre como os primeiros cristãos interpretaram a morte de Jesus, se houve uma interpretação dominante, ou se foram desenvolvidas várias interpretações diferentes, mas Crossan nem mesmo faz referência a tais possibilidades. Ele também não faz referência às passagens tradicionalmente entendidas como interpretações vicárias dos primeiros cristãos, como os clássicos textos tipo "Cristo morreu *por nós*" onde a preposição "por" (principalmente "*hyper*", mas também "*anti*" no grego) pode ter sido entendida já pelos primeiros cristãos em temos de substituição.

Mesmo que as passagens clássicas geralmente usadas para defender a interpretação de sacrifício vicário possam ter outras possibilidades hermenêuticas e que o sentido vicário não seja original, é preciso considerar o fato de que elas contêm elementos que poderiam levar logo cedo a tal interpretação.

A ideia de um sacrifício vicário que satisfaz a ira divina não é desconhecida na Antiguidade.[2] Por falar em filme de Mel Gibson, o mais

---

[1] KÄSEMANN, Ernst. Os inícios da teologia cristã. In: VV. AA. *Apocalipsismo*. São Leopoldo: Sinodal, 1983. p.231.

[2] De fato, do ponto de vista da importância que se dá atualmente para Is 53 na teologia cristã tradicional, como prenúncio do sacrifício vicário de Jesus, é surpreendente que esta passagem profética não figure amplamente no Novo Testamento. Não há citações diretas desta

recente deles, *Apocalypto,* apresenta a saga de um jovem nativo que é levado para uma grande cidade maia onde são feitos sacrifícios humanos para agradar os deuses (ou aplacar a ira deles?) e acaba sendo salvo por um eclipse solar exatamente no momento de sua execução. O sacerdote entendeu que o eclipse significava que o desejo do(s) deus(es) estava saciado. Mesmo que esse filme seja apenas fantasia, é preciso considerar as evidências de que sacrifícios de animais e até de humanos eram entendidos como meio de satisfazer os deuses em certos ambientes religiosos da Antiguidade, o que pode ter feito parte de concepções judaico-cristãs primitivas.

Aqui caberia bem perguntar: será que as rejeições das teorias vicárias não são, de fato, rejeições motivadas por mentes (ainda) iluministas ocidentais, nas quais não cabe uma ideia tão grotesca quanto a do sacrifício vicário? Não seria passar rápido demais para nosso mundo deixar de perguntar se tal ideia era tão grotesca para os primeiros cristãos? Será que podemos exigir deles a "lógica" que nos impede de aceitar um sacrifício vicário de um deus que precisa satisfazer a si mesmo? A questão aqui não é tentar "salvar" a dogmática tradicional, mas pesquisar a religião *por si mesma.*

Mas, talvez, o mais importante de tudo isso seja a questão metodológica. Crossan interpreta a morte de Jesus como um protesto não violento contra a violência. Esta é uma abordagem tipicamente sociopolítica. Mesmo que ele insista em dizer, como já foi ressaltado, que seu método considera que o Reino de Deus é 100% político e 100% religioso, mais uma vez fica a pergunta se sua perspectiva não acaba deixando de dar o devido valor ao elemento religioso por si mesmo.

Reclamar pelo elemento religioso por si mesmo, como já tem sido ressaltado por alguns, é deixar que os religiosos da Antiguidade "falem por si mesmos", buscando metodologias que favoreçam tal coisa, ainda que o estudioso não concorde com as ideias de tais religiosos, ou que lhe pareça grotesco e ilógico demais.

---

passagem nos relatos da Paixão como cumprimento profético. Em Atos 8,32-33, não há sinal de interpretação vicária. Mas a passagem de 1Pd 2,21-24 pode ser interpretada nesta linha, embora o versículo 21 possa indicar que o interesse principal do autor tenha sido falar da morte solidária de Jesus como exemplo a ser seguido no sofrimento e não discorrer sobre um sacrifício vicário. Há, ainda, o caso de Paulo. A passagem difícil e geralmente considerada central de Rm 3,24-26 está no âmago do debate juntamente com passagens como Gl 3,13.

PALESTRA 3
A RESSURREIÇÃO DO JESUS HISTÓRICO

O professor Crossan considera a questão da ressurreição o tema mais importante e, ao mesmo tempo, o mais difícil da teologia cristã. A dificuldade começa com o problema da relação entre fato e interpretação, ou, como Crossan coloca, história *versus* parábola.

Este famoso debate sobre se devemos considerar a ressurreição de Jesus em termos históricos ou parabólicos é denominado por Crossan "modo". Para ele, é um debate irreconciliável porque pode ocupar todo o tempo sem avançar para qualquer acordo entre os debatedores. Ele está pensando nas infindáveis disputas entre, *grosso modo*, "fundamentalistas" e "liberais" norte-americanos que até o momento não produziram qualquer tipo de acordo positivo.

Crossan propõe, então, colocar a questão do "modo" entre parênteses e partir para o que considera mais importante – o significado, isto é, qual é a intenção, propósito, ensinamento envolvidos. Seu método é deixar de lado a questão histórica e perguntar pela aplicação do tema da ressurreição de Jesus.

A questão do "modo", como o professor Crossan coloca, é enriquecedora e, a meu ver, precisa ser considerada para nortear nossas observações sobre o tema. Mas, de qualquer maneira, dependendo de como entendemos a natureza da ressurreição (e aqui, me parece, estamos mais no "modo", como o professor Crossan se expressa), existem implicações diferentes e importantes quanto a explicar o surgimento da fé no Jesus Ressuscitado. Por exemplo: como entender melhor, no texto que Crossan usa de ilustração, a declaração de que "foram abertos os olhos deles" (cf. Lc 24,31), isto é, dos discípulos no caminho de Emaús? Seria preciso uma "revelação" para que o Jesus Ressuscitado fosse reconhecido? De que natureza teria sido essa experiência dos primeiros discípulos?

Até mesmo intérpretes mais conservadores admitem que a crença na ressurreição não figura nas páginas da Bíblia hebraica, exceto por pouquíssimas exceções à regra geral. Daí Crossan infere que eles, os israelitas, "desacreditavam" na ressurreição, isto é, sabiam de povos que criam, mas não adotaram tal crença. Entretanto, as ênfases na vida física que encontramos nas páginas da Bíblia hebraica podem não indicar necessariamente "descrença", mas, por exemplo, algum tipo de "desinteresse" na possibilidade de uma outra vida. Aqui, como o próprio Crossan admite, só podemos ficar na inferência.

Em termos literários, também parece pacífico que o portão de entrada judaico da crença na ressurreição (e, talvez, da crença na vida após a morte) tenha sido o ambiente de helenismo evasivo da época de Antíoco Epifânio IV. Crossan enfatiza que tal crença está ligada à justiça de Deus feita aos mártires e não ao desejo individual geral de uma vida após a morte.

Mais uma vez, fica a impressão de que as coisas estão colocadas de modo simples demais. Ao afirmar que "a ressurreição corporal não diz respeito à nossa sobrevivência, mas sim à justiça de Deus", ele contrapõe esses dois aspectos. Mas precisa ser assim? Será que as duas coisas não andaram juntas? Crossan afirma que "a imortalidade da alma não dá conta disso, porque virá semelhante para todos". Entretanto, a crença na imortalidade da alma não implica a crença em *igualdade* na outra vida. São amplamente atestados os sistemas de recompensa e punição que faziam parte das crenças de grupos desse período. Tal questão por si só não explicaria a crença na ressurreição corporal como alternativa ao problema do martírio como se fosse este o único aspecto ou mesmo o principal no florescimento dessa fé.

Avançando para o primeiro século, Crossan se volta para a questão da fé na ressurreição corporal de Jesus apresentando de modo claro e perspicaz três negações e uma afirmação sobre como os judeus do período concebiam tal coisa.

Com os advérbio "simplesmente"[3] na enunciação de cada negação, parece que ele quer deixar claro que tais elementos contam, embora não sejam, nenhum deles, a explicação do que teria significado "ressurreição" para eles.

No que diz respeito à conceituação, parece mesmo que um desses elementos sozinho não suporta a explicação do sentido de ressurreição. Mas essa abordagem é bastante conceitual. É importante também perguntar pelo "poder" da ressurreição, isto é, não apenas o "conceito" que tiveram sobre o assunto, mas como a crença emanou da experiência de fé.

A explicação da fé ou a teologia, ainda que tenha sido algo semelhante ao que Crossan propõe, sempre vem *depois* da experiência. As "aparições", por exemplo, podem ter ocorrido antes da "explicação", e isto faz diferença para o estudo da religião. É preciso concordar com Crossan

---

[3]   O texto em inglês recebido por ocasião das palestras traz "simply" nas três negações. Na tradução para o português que tenho em mãos não consta "simplesmente" na última negação.

O JESUS HISTÓRICO NA HERMENÊUTICA DE JOHN DOMINIC CROSSAN | 113

que teria sido surpresa se não tivessem ocorrido aparições *pos mortem* de Jesus a seus companheiros. Mas deve ser considerada a possibilidade de algo mais "forte" e mais amplo. O caso de Paulo, por exemplo, não se explica como pós-luto, visto que sua experiência de fé é posterior à crucificação e morte de Jesus.

O professor Crossan cita algumas vezes o apóstolo Paulo. A continuidade/descontinuidade entre Jesus e Paulo é tema bastante debatido. Crossan afirma que visões e aparições de entes queridos mortos é parte normal da experiência humana, e seria extraordinário se não tivessem havido aparições de Jesus a alguns de seus companheiros após a morte, como já ressaltamos. Mas esta relação não é possível entre Jesus e Paulo, pois não se sabe nem mesmo se Paulo viu Jesus de Nazaré em alguma ocasião. Então, como explicar a experiência paulina (antes que sua teologia) e suas enfáticas crenças sobre a cruz e a ressurreição?

Como afirmação, Crossan diz que a ressurreição de Jesus deve ser entendida no âmbito da crença na ressurreição corpórea geral dos judeus do primeiro século. Mais uma vez estamos num campo basicamente conceitual. Ele diz que as alegações da tumba vazia e as visões são secundárias em relação às asserções primárias da ressurreição "causadas" ou "tornadas inevitáveis" a partir de uma continuidade que experimentaram oriunda da afirmação de Jesus de que se poderia experimentar a realidade de Reino de Deus *já* através de vidas vividas como a de Jesus. Mas qual foi a natureza desta experiência vivida pelos discípulos? A impressão é que Crossan ainda está num cercado bem conceitual.

Tal impressão, para mim, fica mais clara quando Crossan esboça o que teria sido uma explicação de Paulo sobre a ressurreição de Jesus para um colega pagão. Paulo começaria pelos conceitos teológicos básicos sobre a justiça de Deus em contraste com o poder público. Ele teria afirmado que Deus teria começado a justificação e negação do poder imperial de Roma com a ressurreição de Jesus. Ao ser inquirido sobre como, Paulo teria convidado seu amigo a vir e ver a vida comunitária marcada pela Eucaristia e solidariedade dos primeiros cristãos como alternativa à injustiça imperial de César.

Esse exemplo hipotético dado por Crossan me fez lembrar as várias comunidades cristãs evangelicais espalhadas pelo mundo, notoriamente na América do Norte, que fazem seu convite às pessoas tentando atraí-las para uma vida comunitária alternativa com promessas de "solidariedade", "paz" e "enlevo espiritual".

114 | MORTE E RESSURREIÇÃO DE JESUS

Mas textos paulinos como 1Cor 14,23-25[4] mostram algo diferente. Uma pessoa convidada a vir e ver seria convencida não por argumentos de cunho mais racionalista, mas por êxtase e revelação. Isso não quer dizer que a argumentação era excluída, visto que as próprias cartas de Paulo são testemunhos de amplas argumentações. Porém havia algo além de argumentação racional associada a um convite para um "bem-estar" comunitário religioso.

Uma maneira de ilustrar o que estou dizendo é através dos conceitos de "estados de consciência religiosamente interpretados" e "estados de consciência religiosamente alterados" de Alan F. Segal.[5] O primeiro caso diz respeito a uma condição que inclui qualquer estado mental religioso como o experimentado em vários rituais e cerimônias sem quaisquer alterações maiores na consciência. O segundo caso diz respeito a experiências extáticas e visionárias que incluem aparições do Ressuscitado, mas como experiência humana legítima em contraste com conceitos de alucinação ou loucura. Neste caso o exemplo de Crossan fica mais enquadrado no primeiro caso e o texto paulino citado está mais para o segundo.

A pergunta, então, é se não devemos considerar uma experiência mais profunda e de maior impacto que estaria na base da crença na ressurreição de Jesus. Possivelmente, as experiências vieram primeiro[6] e a interpretação delas, esta sim, calcada na crença judaica da ressurreição geral, foi recebida e transformada para a crença na ressurreição de Jesus como "primícias dos que morreram".

Portanto as observações do professor Crossan são interessantes e esclarecedoras quanto à conceituação do que eles, os antigos, queriam dizer com "ressurreição". Mas ficam ainda perguntas como: as aparições não eram justamente tudo o que eles tinham *a priori*, visto que a interpretação da ressurreição profetizada é um segundo momento? Não eram

---

[4] "Se, por exemplo, a Igreja está toda inteira reunida, e todos falam em línguas, os simples ouvintes ou os não crentes que entrarem não crerão, porventura, que estais loucos? Se, ao contrário, todos profetizam, o não crente ou o simples ouvinte que entra se vê repreendido por todos, julgado por todos; o segredo do seu coração fica desvendado; ele se lançará de rosto por terra, adorará a Deus e proclamará que Deus está realmente no meio de vós" (Bíblia TEB – Tradução Ecumênica Brasileira).

[5] SEGAL, Alan F. A construção do "eu" transcendente em Terceiro Enoch. *Oracula*, revista eletrônica do Grupo Oracula de Pesquisas em Apocalíptica Judaica e Cristã, 4, São Bernardo do Campo: Umesp, p. 13, jan./jun. 2006. Disponível em: <www.oracula.com.br>. *Life After Death; A History of the Afterlife in the Religious of the West*. New York: Doubleday, 2004. p. 411.

[6] É interessante observar que, independente da questão histórica e de datas dos Evangelhos, o testemunho geral destes é que os discípulos, enquanto com Jesus de Nazaré antes de sua execução, não esperavam uma execução e posterior ressurreição.

tais aparições a prova da ressurreição para eles? Neste caso, para o "significado" que Crossan menciona no prólogo, qual a importância de fazer uma diferenciação rígida entre a ressurreição e as aparições?

Na sequência, Crossan se preocupa com o que considera as duas opções principais para compreender a ressurreição corpórea expressas em duas perguntas: A ressurreição de Jesus deve ser concebida como algo pessoal ou comunitário? A ressurreição corpórea deve ser concebida como literal ou metafórica?

Para a primeira pergunta, e baseado na ideia de que a ressurreição diz respeito à justiça de Deus e não à sobrevivência após a morte, Crossan procura subsídios para uma ressurreição concebida comunitariamente em passagens como Mt 27,51b-53; 1Pd 3,18-19; Ef 4,8-10. A ressurreição de Jesus, neste caso, teria causado a ressurreição dos santos anteriores, dos heróis do "Antigo Testamento". Ele reconhece que a ênfase cristã primitiva, notoriamente em Paulo, estava na ressurreição de Jesus primeiro, seguida logo pela ressurreição corporativa dos futuros cristãos e não de judeus do passado.

Ele lamenta o fato de que o Cristianismo tenha perdido lentamente seu Judaísmo e a preocupação com os judeus justos e martirizados do passado. Mas isso é desenvolvimento da história cristã posterior. No primeiro século tal distinção entre Judaísmo e Cristianismo não existia, mas tal ausência de referência à ressurreição de heróis do passado é notória e importante para as pesquisas.

A questão da ressurreição individual ou corporativa tem implicações para a segunda pergunta acima, quanto às concepções "literal" ou "metafórica" da ressurreição.

As perguntas de Crossan: "Esperaria Paulo que um túmulo vazio existisse em algum lugar? Ou um corpo espiritual e uma nova criação tornariam tal pergunta absurda?" parecem não levar em conta que a distinção entre mito e realidade no sentido científico é algo recente. É muito provável que Paulo, independente de concordarmos ou não com ele, não esperaria algo *menos* que uma ressurreição corporal. É mais natural inferir que Paulo acreditava, sim, em um túmulo vazio, uma questão que, por falar em cinema, foi levantada há pouco tempo pelo filme O *corpo*, estrelado por Antonio Banderas, embora num âmbito mais recente de crenças cristãs tradicionais.

A questão da ressurreição corporativa, para Crossan, é o argumento mais forte a favor de uma compreensão metafórica da ressurreição. A razão é que, para uma interpretação literal e corporativa, seria preciso imaginar muitas tumbas vazias ao redor de Jerusalém. Mas é necessário considerar que a religião e a fé não só no passado, mas até hoje, convivem, e parece que convivem muito bem, com perguntas sem respostas e questões inexplicáveis. É preciso reconhecer que a fé convive com concepções consideradas ingênuas do ponto de vista científico, mas que se convertem, para os religiosos, num mistério que, por ser mistério, dá legitimidade ao próprio fenômeno religioso. Sendo assim, do ponto de vista do religioso, a questão das muitas tumbas vazias não seria uma dificuldade para a fé.

Crossan diz que o que causou a afirmação na ressurreição foi "a continuidade da realidade que experimentavam da afirmação do próprio Jesus que se podia entrar *já* no Reino de Deus, que se podia *já* ter o Reino de Deus vindo sobre a sua vida, através de vidas vividas como a do próprio Jesus". Este entrar *já* no Reino não poderia ter relações mais vívidas com a presença visionária de Jesus num âmbito litúrgico dos primeiros cristãos? Não poderia ter sido algo assim que funcionou como um elemento fortemente agregador, que teria sido o ponto de partida para explicar a ressurreição de Jesus adaptando e transformando a crença tradicional farisaica na ressurreição geral, o que teria dado impulso ao movimento cristão subsequente?

Em suma: o professor Crossan apresentou um trabalho que procura entender o movimento de Jesus e o surgimento do Cristianismo na perspectiva da macro-história social. Neste prisma ele fez considerações importantes e desafiadoras para aqueles que se debruçam para tentar entender melhor o que, de fato, teria acontecido nas origens. Mas mesmo que ele insista que pretende uma abordagem que considera o "Reino de Deus" como 100% político e 100% religioso, sua visão metodológica é sociopolítica. Nada de errado com isto enquanto método. Mas os reducionismos decorrentes precisam ser considerados sob pena de comprometer um melhor entendimento do que tenha ocorrido. A religião precisa ser considerada a partir de características que lhe são próprias, e não basicamente como resultado ou consequência de elementos típicos na análise sociológica e política.

A RESSURREIÇÃO DO JESUS HISTÓRICO. MODO E SIGNIFICADO

ELIZANGELA A. SOARES*

JESUS RESSUSCITOU DOS MORTOS

Dentre todas as afirmações que compõem o sistema de crenças do Cristianismo, a que dá título a este item permanece como uma das mais desconcertantes e os cristãos, de um modo geral, entendem-na como central à sua fé.

No entanto, se por um lado eles concordam sobre a importância da ressurreição de Jesus, por outro não estão totalmente de acordo sobre o significado que ela tem. A ressurreição foi situada no tempo e no espaço? Foi física? Foi num corpo diferente, em sintonia com as condições da apoteose? Foi num corpo imaterial? Ela é possível, razoável, inteligível, afinal de contas? Nesta linha, conceitos como *evento* e *metáfora* são apenas mostras do quão extensa e complexa pode ser uma discussão acerca desta crença.

A natureza da ressurreição de Jesus é controversa e gera mais de uma interpretação pela razão mais óbvia: ninguém houve que a tenha testemunhado como fato ou, pelo menos, não se tem notícias de uma testemunha "histórica", por assim dizer. Os relatos existentes no cânon neotestamentário são composições que resultam muito mais da fé dos seguidores daquele nazareno que ele era o Cristo, o Messias, do que de qualquer evidência que se pretenda fonte.

"A ressurreição do Jesus histórico." Este foi o conteúdo da última conferência de John Dominic Crossan por ocasião de sua estadia na Universidade Metodista de São Paulo, em outubro de 2007. Por si mesmo o título já encerra duas premissas confortavelmente assentadas sobre um atacado de argumentos que não se esgotam facilmente: (1) a existência de um Jesus histórico e (2) ele ressuscitou. Mas se para cristãos con-

---

* Teóloga e mestre em Ciências da Religião pela Universidade Metodista de São Paulo (Umesp).

temporâneos, mediados por grande volume de teologia sistemática, e esta ainda mediada por variadas intervenções hermenêuticas, o tema da ressurreição encontra ecos diferenciados entre si, que é que ela teria significado no entendimento dos judeus cristãos do primeiro século? De onde surgiu essa ideia de ressurreição, em primeiro lugar?

Crossan diz justamente que "pela maior parte da sua história antes do primeiro século da Era Comum os israelitas e/ou os judeus desacreditavam de uma vida após a morte". Mais adiante ele explica essa afirmação dizendo que não era que a ideia de imortalidade ou existência pós-morte jamais tivesse cruzado o imaginário dos judeus da Antiguidade, mas que a recusa deles em discutir o tema o levava a supor que tal crença fosse considerada por eles "mais uma usurpação pagã de direitos e privilégios pertencentes apenas a Deus". Resulta daí que "era um ato de fé *não* crer em vida após a morte", disse.

A ideia inicial de Crossan se mostra em sintonia com grande parte dos pesquisadores do tema, mas a conclusão de que "era um ato de fé *não* crer em vida após a morte" fecha de um modo um tanto simples uma questão conhecida, quem sabe definida, por sua complexidade.

Recuando um número de séculos na história, parece verdade que os israelitas do pré-exílio babilônico não estavam interessados numa noção articulada de pós-morte como estiveram outros povos contemporâneos. Para eles, a morte dava conta do fim de todas as relações, tanto com outros seres humanos como com o próprio Yahweh. Pelo menos é isso que a redação final dos textos relativos a esse período deseja evidenciar. Em seu *Shades of Sheol: Death and Afterlife in the Old Testament*, P. S. Johnston argumenta que os antigos israelitas estavam mais interessados em Yahweh do que na morte, nos mortos ou num Mundo Inferior.[1]

Dado o entorno dos israelitas (mesopotâmios, egípcios, cananeus, por exemplo), com suas elaboradas concepções de vida após a morte, talvez a falta de vestígios de algo neste sentido em seu texto sagrado seja mesmo uma pergunta para os redatores, portanto sem resposta direta possível hoje e, por isso, toda inferência relacionada se mantém num tipo de limbo forjado pela ausência do que investigar. Mas esta é outra questão.

---

[1] JOHNSTON, Philip S. *Shades of Sheol;* Death and Afterlife in the Old Testament. Downers Grove: InterVarsity Press, 2002. p. 46, 65 e 124.

A RESSURREIÇÃO DO JESUS HISTÓRICO | 119

Entretanto, quando os judeus se veem em contato com a sociedade e religião persas por ocasião do exílio babilônico, algumas mudanças significativas começam a surgir na sua escatologia pessoal. A esse tempo, a religião persa já contava com formulações bastante sistematizadas do pós-morte. Ali se falava em ressurreição e mesmo numa grande ressurreição geral no dia do juízo. É desse pano de fundo que surge a afirmação de A. F. Segal de que não se pode falar na ideia de ressurreição no Judaísmo antes do seu contato com os persas.[2]

A noção presente no Yasna[3] 54 de que os mortos ressuscitarão em seus corpos sem vida é a grande candidata de Segal a um empréstimo por parte dos judeus. De todo modo, o que se notará de certos estratos de produção textual deste período é que a expressão do pensamento judaico sobre vida após a morte adotará uma *linguagem* de ressurreição (metáfora) consoante com aquela utilizada no contexto persa (cf. Ez 37,1-10; Is 24-27).

No entanto, com o surgimento da literatura apocalíptica o caráter metafórico da linguagem vai cedendo espaço para a formulação da crença propriamente dita (cf. Dn 12; *Testamento de Judá* 25,1-4; 2Mc 7,9.11.14.22-23.28) e seus adornos, tais como a imortalidade astral, por exemplo (cf. Dn 12,3; *Ascensão de Moisés* 10,9).

É claro que a noção de ressurreição que começou a se formar entre grupos judaicos não era exatamente aquela persa. A ressurreição judaica tinha a ver com vindicação das vítimas do depressor, consolação para os inocentes que estavam sendo perseguidos, encorajamento para aqueles que estavam prestes a ser sacrificados em função da fé e justiça para os que foram martirizados em fidelidade a Yahweh. Era uma ressurreição mais "funcional", com objetivos mais pontuais do que aquela persa. Esse provavelmente era o significado da ressurreição para judeus do primeiro século, isto é, equivaleria à manifestação da Justiça divina.

Desse modo, se a análise pelo viés martiriológico puder ser feita, afirmar que para judeus na Antiguidade "era um ato de fé *não* crer em vida após a morte" nos parece um tanto generalizante ou mesmo contraditório. Talvez assim fosse para muitos, claro. Mas o contrário também

---

[2] SEGAL, Alan F. *Life after Death;* A History of the Afterlife in the Religions of the West. New York: Doubleday, 2004. p. 183.

[3] *Yasna* é um livro litúrgico formado por 72 capítulos e que compõe uma das cinco divisões principais do *Avesta*, conjunto de escritos sagrados persas.

representa hipótese igualmente possível. Ademais, se assim for, a ideia enfatizada por Crossan da ressurreição corporal como resposta ao desafio teológico dos mártires perde bastante de seu sentido.

Para todos os efeitos, a história de Jesus de Nazaré se conforma à tradição martiriológica. As perguntas aqui são, como destacou Crossan já no início da conferência, pelo *modo* e *significado* da sua ressurreição. As duas abordagens representam aproximações substancialmente diferentes do tema, sendo que o modo se revela problema ainda maior que o significado, já que dele em grande medida depende o sossego, o ideário e a vantagem da dogmática. Mas estamos ainda no primeiro século da Era Comum e a pergunta aqui é pelo significado: qual o *significado* da ressurreição corporal de Jesus para judeus cristãos do primeiro século?

Crossan constrói suas considerações em torno dessa pergunta ao fazer um registro daquilo que a ressurreição corpórea de Jesus *não* significava para este grupo: (1) *não* era meramente ressuscitação corporal, ou seja, a reanimação de um cadáver que morreria novamente mais dia, menos dia; (2) *não* era aparição pós-morte pura e simplesmente, afinal, aparição não é sinônimo de ressurreição; (3) *nem* era exaltação corpórea, como aquelas de Henoc e Elias.

Segundo o material canônico, houve outros indivíduos que ressuscitaram, tais como Lázaro e a filha de Jairo, nos Evangelhos. Mas existe uma diferença fundamental entre suas ressurreições e a de Jesus: todos eles morreram novamente. Com referência a essas pessoas, seria então mais adequado falar em ressuscitação. As exceções ficam por conta de Henoc e Elias, já mencionados. Mas mesmo aqui existe diferença basal: de acordo com as narrativas, eles *não* experimentaram a morte, porque foram "tomados", "arrebatados". Nesse sentido, a narrativa que dá conta da ressurreição de Jesus de Nazaré permanece original. O que quer que tenha acontecido na Páscoa não significou que Jesus tenha "renovado" sua vida prévia como uma pessoa finita. Voltaremos a este tópico mais adiante.

De fato, a ressurreição de Jesus relatada no Novo Testamento é diferenciada de outras narrativas na mesma direção. O que Crossan descreve como o seu não significado para judeus cristãos de então pode ser mais bem compreendido do ponto de vista do *modo* (ressuscitação, aparição, exaltação corpórea). Do ponto de vista do *significado*, sua afirmação vai noutra direção: para os judeus cristãos do primeiro século a ressurreição de Jesus significava ressureição corpórea geral, afirma. Quer dizer: a ressurreição física de Jesus significava, nesse contexto, que a ressurreição geral já havia começado para a humanidade como um todo.

Jesus foi a figura de liderança em um pequeno movimento de judeus apocalípticos que viram sua morte como um martírio e o episódio da Páscoa como uma vitória apocalíptico-moral. Eles interpretaram tal evento não apenas como um sinal de que Jesus havia sido ressuscitado dos mortos, mas que ele havia ascendido aos céus em um *status* divino para tomar lugar ao lado de Yahweh, inaugurando, assim, a consumação final da história e a redenção de todo o cosmo. Especificamente, os acontecimentos da Páscoa foram vistos pelos primeiros cristãos como o começo da realização dos eventos em Daniel: Jesus era o messias crucificado e ressurreto, o verdadeiro Filho do Homem que voltaria para punir os pecadores e premiar os santos com vida eterna.

Mas isso não era tudo. Ao afirmar que Jesus havia sido levantado dos mortos, os judeus cristãos do primeiro século também disseram que *o Reino de Deus havia chegado*. O que quer que eles tenham querido dizer com isso, o fato é que a afirmação só era possível graças à convicção de que a morte e ressurreição de Jesus haviam desencadeado o processo de ressurreição mencionado em Daniel, com consequente realização das esperanças escatológicas dos fiéis.

No imaginário desse grupo os acontecimentos envolvendo Jesus davam mostras daquilo que estava por vir. Além do exemplo destacado por Crossan com Paulo em 1Cor 15 (a ressurreição de Jesus como primícias dos que morreram, como metáfora da "colheita" em processo de completação), outro ainda pode ser lido de Mt 27,45-54:

> [...] Então Jesus deu outra vez um forte grito e entregou o espírito. Nisso, o véu do Santuário rasgou-se de alto a baixo, em duas partes, a terra tremeu e as pedras se partiram. *Os túmulos se abriram e muitos corpos dos santos falecidos ressuscitaram! Saindo dos túmulos, depois da ressurreição de Jesus, entraram na Cidade Santa e apareceram a muitas pessoas.* O centurião e os que com ele montavam a guarda junto de Jesus, ao notarem o terremoto e tudo que havia acontecido, ficaram com muito medo e disseram: "Este era verdadeiramente Filho de Deus!" (Mt 27, 50-54).

Só a morte de Jesus já trouxe uma "ressurreição fora de ordem", um *eschatón* antecipado, com mortos que ressuscitam antes mesmo de sua ressurreição-paradigma. Mas também é bastante evidente que esta perícope de Mateus, de certa forma, dilui a importância da ressurreição de Jesus em função da ressurreição dos "santos" (*hagíon*). Haja vista que Mateus é quem conserva os discursos mais duros contra as autoridades que matam os profetas, pode ser que eles, os profetas, sejam os santos que ressuscitam na morte de Jesus.

Em seu discurso, Crossan avança no sentido de propor ainda uma distinção, a que chama "deslocamento criativo", entre a ressurreição corpórea geral como vista pelo Judaísmo e aquela entendida por judeus cristãos no primeiro século. Segundo diz, no entendimento dos judeus a ressurreição geral seria o início do evento escatológico final, com dia e hora para acontecer no tempo fixado por Yahweh. Ela abriria a cena para o juízo final, quando a Justiça divina se manifestaria na recompensa dos justos e castigo dos infiéis. Dito de outra forma, a ressurreição geral seria pontual e *geral* mesmo, no sentido mais estrito da palavra.

A originalidade da ressurreição geral dos judeus cristãos em relação à dos judeus reside exatamente na ideia de que ela não se passa como evento escatológico fixado, mas se dá como *processo* desencadeado pela ressurreição de Jesus. É a partir dessa compreensão que se pode dizer que o Reino de Deus *já* estava presente entre os seres humanos, porque a ressurreição de Jesus representou o começo do fim da era presente e, consequentemente, o início da justificação do mundo. Nessa perspectiva, o *eschatón* deixa de ser evento para ser período.

Mas enquanto a questão do *significado* aponta para um processo, para uma progressão escatológica, voltamos ao problema do *modo*. E ele é crucial para a fé cristã nascente. Ressurreição material ou ressurreição não material? A esse respeito, há tempos os estudiosos podem ser divididos de acordo com duas visões essencialmente irreconciliáveis: uma que entende a natureza da ressurreição como não material e outra, oposta.

Segundo a primeira visão, o cadáver de Jesus não tinha necessariamente de ser reanimado para que sua ressurreição fosse significante. Na realidade, ela não é um fato situado no tempo e no espaço, portanto não é histórica; processa-se num corpo diferente, imaterial, portanto não é física. Principalmente, não depende da problemática tradição do túmulo vazio. É aqui que situamos clássicos como Karl Rahner e Hans Küng, que afirmou que a ressurreição *não pode ser* um evento histórico *stricto sensu*,

A RESSURREIÇÃO DO JESUS HISTÓRICO | 123

já que não pode ser verificada pelos métodos histórico-científicos.[4] Se assim for, questões históricas sobre o túmulo vazio e as aparições do Jesus Ressurreto se tornam, na melhor das hipóteses, periféricas. Elas cedem lugar a outras, relacionadas ao *significado*.

Para esses "não materialistas", a ressurreição se processou num tipo diferente de corpo e que não está em continuidade com o corpo ordinário pré-ressurreição. Assim, nenhuma importância reside sobre o corpo físico. A esse respeito, há mais de uma década M. J. Borg afirmara solenemente: "Resurrection could, but need not mean that the corpse had been affected; a corpse coming to life is not the point".[5] Dito de outra maneira: o propósito, *the point* – o *significado* em sentido estrito –, não depende de um cadáver que se ergue de volta para a vida.

Sendo assim, em conformidade com essa interpretação, a tradição do túmulo vazio não representa tema a que se deva dar demasiada importância. Rahner optou pela lógica ao argumentar que por si só um túmulo vazio não pode significar ou ser testemunha de ressurreição.[6] Como demonstram os Evangelhos, de fato essa tradição é bastante frágil, uma tentativa de suavizar um grande problema para o Cristianismo primitivo: o fato de que ninguém tenha testemunhado a ressurreição de Jesus. Já dizia D. A. Hagner que a disjunção entre as narrativas de ressurreição e as descrições de Jesus que constituem a maior parte dos Evangelhos podem ser interpretadas como uma consequência lógica da inabilidade dos discípulos em compreender a morte do Messias. Segundo ele, esta aproximação provê uma base plausível para a fé cristã em ressurreição como evidência para Jesus como o Filho de Deus que inaugurou o tempo escatológico da salvação.[7]

De toda maneira, de acordo com a interpretação não materialista da ressurreição, a tradição do túmulo vazio não é importante para a fé pascal, porque a historicidade da ressurreição também não é fundamentalmente necessária à fé. Ela não pode ser localizada no tempo e no

---

4   Cf. KÜNG, Hans. *On Being a Christian*. New York: Pocket Books, 1976. p. 349-350.
5   BORG, Marcus J. Thinking about Easter. *Bible Review* (1994) 15.
6   RAHNER, Karl. *Foundations of Christian Faith*; An Introduction to the Idea of Christianity. London/New York: Darton, Longman & Todd/ Seabury, 1978. p. 26.
7   HAGNER, Donald A. Gospel, Kingdom, and Resurrection in the Synoptic Gospels. In: LONGENECKER, Richard N. (ed.). *Life in the Face of Death*; the Resurrection Message of the New Testament. Grand Rapids/Cambridge: Eerdmans, 1998. p. 99-121. (McMaster New Testament Studies.)

espaço, ao contrário das experiências do Cristo Ressurreto vividas pelos primeiros cristãos. Estas sim investiram sua ressurreição de significado, prescindindo, portanto, do modo. Corroborando com esta ideia – ou fincando posição, quem sabe – temos E. P. Sanders, que em seu *The Historical Figure of Jesus* dirá: "Que os seguidores de Jesus (e depois Paulo) tiveram experiências de ressurreição é, em meu julgamento, um fato. Qual realidade deu levante às experiências, não sei".[8]

De outro lado, uma segunda visão afirma a ressurreição de Jesus como física, localizada no tempo histórico. Aqui encontramos, por exemplo, W. Pannenberg, para quem a ressurreição de Jesus representou um evento histórico único, que, investigado pelos métodos históricos usuais, deve ser aceito como qualquer outro da história.[9]

De acordo com essa linha de interpretação, a ressurreição de Jesus se deu ainda no mesmo corpo, posto que carne e ossos (Lc 24,39), as marcas da crucificação (Jo 20,27), comer (Lc 24,42-43) e a sensação do toque (Mt 28,9) são compreendidos como fenômenos materiais. De certo o corpo de Jesus poderia ter sofrido algum tipo de transformação, mas, ainda assim, era um corpo físico.

A visão materialista da ressurreição, consequentemente, assume dependência da tradição do túmulo vazio, que se torna essencial ao entendimento da Páscoa, e das aparições do Ressuscitado, que funcionam como seus referendos.

Narrativa apologética em favor da credibilidade da tradição, o aparecimento aos discípulos na estrada de Emaús (Lc 24,13-35), por exemplo, é uma história na qual, *fisicamente*, o próprio Jesus lhes ensina que a tumba vazia não era uma história sem base. Aqui se revela uma informação importante: as dúvidas levantadas pelo túmulo vazio não eram exclusivas dos judeus, pois até mesmo seus seguidores estavam envolvidos por elas: "Nós esperávamos que fosse ele quem libertaria Israel; mas, com tudo isso, já faz três dias que todas essas coisas aconteceram!" (Lc 24,21).

Mas a tradição do túmulo vazio, ainda que cheia de desníveis nos textos dos evangelistas, ao conseguir justificar a ausência do corpo de Jesus em função de uma ressurreição física resolvia também outro problema. Aparentemente, àquela época a crença em fantasmas e espíritos já estava amplamente difundida na cultura popular. Assim, retratar o Jesus

---

[8]   SANDERS, E. P. *The Historical Figure of Jesus*. London: Penguin Books, 1993. p. 280.
[9]   Cf. PANNENBERG, Wolfhart. *Jesus; God and Man*. Philadelphia: Westminster, 1968.

A RESSURREIÇÃO DO JESUS HISTÓRICO | 125

Ressurreto como um espírito representaria grande risco de diluí-lo no folclore. De todo modo, se o que sobrevivera à sua morte tivesse sido seu espírito, ou mesmo uma alma imortal, sua morte não teria representado nenhum significado ou efeito especial. Em suma: a ressurreição física de Jesus marca historicamente uma nova etapa na carreira da criação.

Crossan mantém posição de respeito entre os não materialistas e, assim como seus companheiros, vê-se compelido a rejeitar a história do túmulo vazio ao mesmo tempo que busca afirmar o evento ocorrido na Páscoa. Por isso invoca Paulo constantemente. Mas mesmo a formulação de Paulo com seu *soma pneumatikon* não dá conta da complexidade da questão, embora ele possa, com toda propriedade, prescindir dos relatos da tumba vazia. A base do seu entendimento sobre a ressurreição é formada por sua própria experiência de conversão e ascensão mística (At 9,1-9; 2Cor 12,1-6) e não precisa se pautar por uma tradição tão conflituosa. Para ele, apenas um fato dita a regra da fé: "Se não há ressurreição dos mortos, então Cristo não ressuscitou. E se Cristo não ressuscitou, a nossa pregação é sem fundamento, e sem fundamento também é a vossa fé" (1Cor 15,13-14).

Em Paulo, na parusia os corpos dos cristãos seriam transformados, assim como o de Jesus foi transformado na ressurreição. Para ele, tanto a vida no seu sentido mais básico ("psíquica") quanto a vida espiritual ("pneumática") eram corpóreas, mas há um certo dualismo em sua concepção: o corpo psíquico é o corpo ordinário (carne e alma); o *soma pneumatikon* é o corpo ordinário transformado pelo espírito. Esse glorioso *soma pneumatikon*, que é o corpo redimido e ressurreto, é substancialmente equivalente ao corpo de Cristo. Aqui, como se vê, mais uma vez esbarramos na questão do modo.

Para os evangelistas, a ressurreição de Jesus não é espiritual. Eles pregaram que ela foi corporal, na carne, e que, consequentemente, esta seria a forma da ressurreição de todos os crentes. Nos Evangelhos é precisamente o fato de Jesus haver ressuscitado fisicamente que faz a sua morte ter um significado único para a história da humanidade, e não a sua mera sobrevivência à morte em uma forma não física. Paulo, por sua vez, baseou o seu trabalho nas suas próprias visões espirituais. Ele nunca encontrou o homem Jesus e se tornou um cristão por causa de sua "visão do Cristo Ressuscitado", de quem o corpo era um *soma pneumatikon*. A partir daí, a noção apostólica de ressurreição que se desenvolve é profundamente afetada pelo contraste com Paulo, de maneira que o que este escreve em termos visionários aqueles registram em termos literais, conformando personagens e cenas ao que eles acreditavam ter acontecido a Jesus após sua morte.

Crossan pende para Paulo, claro, a quem julga a melhor testemunha primitiva para as aparições do Jesus Ressurreto. Dito de outra maneira: Paulo era uma testemunha ocular para o que ele acreditou que fosse uma aparição de Jesus Ressuscitado.[10] Embora pertença ao grupo dos materialistas, deste ponto de vista também partilha N. T. Wright, que em nada concorda com Crossan quando o assunto é o *modo* da ressurreição de Jesus.[11]

Crossan tem mostrado claramente sua preferência pela metáfora no que se refere ao modo. Talvez essa seja também a opção de grande parte dos cristãos ordinários atuais, ainda que não sistematizada, é claro. Afinal, pensar ressurreição de uma forma diferente de ressuscitação é um exercício constrangedor do ponto de vista lógico e racional. Ou pode, ainda, ser que os dois conceitos assumam já o mesmo significado.

Desde que o modo parece permanecer perdido para os estudiosos e crentes atuais e que dele só se pode aproximar por hipóteses, que significou e significa, então, a ressurreição de Jesus? Em Crossan ela anuncia o início da justificação divina do mundo, mas aparentemente se espalha pelo imaginário, já tendo passado pelo filtro paulino do corpo transformado, glorioso. Não é a expectativa de compartilhar algo da substância de Cristo que há muito move a fé em sua direção, afinal? Se o *modo* afeta o *significado*, eis aí já uma possível resposta, ao menos para os cristãos contemporâneos, distantes no tempo, no espaço e em compreensão daqueles do primeiro século.

---

[10] Cf. CROSSAN, John Dominic; REED, Jonathan L. *In Search of Paul*. San Francisco: Haper Collins, 2004. p. 6-8, 341. [Ed. bras.: *Em busca de Paulo:* como o apóstolo de Jesus opôs o Reino de Deus ao Império Romano. São Paulo: Paulinas, 2007.]

[11] Para um diálogo entre Crossan e Wright sobre a ressurreição de Jesus, cf.: HABERMAS, Gary B. Resurrection Research from 1975 to the Present: What Are Critical Scholars Saying? *Journal for the Study of the Historical Jesus* 3.2 (2005) 145-149. Para os argumentos de Wright, veja: *The Resurrection of the Son of God*. Minneapolis: Fortress Press, 2003.

A DERROTA DA MORTE.
UM ESTUDO DE 1COR 15,50-57

JOSÉ ADRIANO FILHO*

Em sua conferência "A ressurreição do Jesus histórico", John Dominic Crossan apresenta primeiro o que chama "modo e significado da ressurreição" ("modo" para distinguir entre um tipo de linguagem que é "literal, factual, verdadeira ou histórica" [Jesus é o camponês de Nazaré] e outro tipo de linguagem que é "metafórica, ficcional, simbólica, ou parabólica" [Jesus é o cordeiro de Deus]); a "discussão sobre o *modo* não pode negar uma discussão ainda mais válida sobre o *significado* da ressurreição". Segundo, após assinalar três aspectos sobre o que pensa não ser ressurreição, Crossan declara que os judeus entendiam que "ressurreição" significa a ressurreição corpórea real, implicando que na cultura judaica "falar da ressurreição de Jesus era afirmar que a ressurreição geral já havia começado", uma compreensão que explica as características da argumentação paulina em 1Cor 15, onde Paulo fala da ressurreição de Jesus como "primícias dos que morreram" (v. 20). Paulo argumenta lógica e repetidamente acerca da "ressurreição de Jesus para a ressurreição geral e da ressurreição geral para a ressurreição de Jesus, dois eventos se sustentam ou caem juntos como princípio e final de um único processo" (cf. vv. 12-19).

Paulo estava convencido de que ele e sua geração experimentariam uma grande mudança, na qual Deus realizaria a conquista definitiva do mal através do retorno iminente do céu de seu Filho. A revelação, isto é, o conhecimento das Escrituras "segundo o Espírito", ou seja, com entendimento espiritual, convenceu Paulo de que a história chegaria logo ao seu momento final, que seu ministério estava inserido no tempo localizado entre ressurreição de Cristo e seu retorno glorioso, quando

---

* Professor doutor, teólogo presbiteriano, professor da Unifil de Londrina, Paraná.

128 | MORTE E RESSURREIÇÃO DE JESUS

o Senhor desceria do céu para destruir os poderes hostis cósmicos e, finalmente, a própria morte. Neste momento, os mortos ressuscitariam e, junto com os vivos, seriam transformados (Fl 3,21; 1Cor 15,44). Até aquele momento, de fato, e a fim de alcançá-lo, Paulo trabalhava arduamente para evangelizar as nações (Rm 11,25), para que elas, através do Espírito, se tornassem parte da família de Deus, e o próprio Israel seria finalmente redimido.

Essas declarações são significativas, pois estão ligadas especialmente ao argumento desenvolvido por Paulo 1Cor 15, especialmente vv. 50-57, que afirma que "a carne e o sangue não podem receber de herança o reino de Deus, nem a corrupção receber de herança a incorruptibilidade". Paulo deixa claro que para a anulação do poder da morte é preciso uma completa transformação do ser humano, a qual significa a derrota da morte. O texto expõe o princípio de transformação de que fala o Evangelho. A transformação envolve a fonte última da graça de Deus, a atividade Espírito e o ser transformado na imagem de Cristo, o último Adão. A alusão a Cristo como "as primícias dos que morreram" é ampliada pelo uso da imagem do último Adão, confirmando, com isso, que Cristo ressuscitou como o representante de todos os que serão ressuscitados. O Reinado de Cristo, que é um tempo de guerra escatológica e envolve a destruição dos poderes escatológicos maus, ocorrerá somente quando a morte, o último poder cosmológico inimigo, for destruída.

A ESTRUTURA RETÓRICA DE 1COR 15,50-57

1Cor 15,50-57 é a parte final do argumento desenvolvido em 1Cor15, um capítulo que se desdobra em estágios distintos de um argumento progressivo e estabelece uma relação entre eles. Dessa forma, para definir a forma de 1Cor 15,50-57 precisamos apresentar algumas considerações sobre a estrutura lógica retórica do argumento que Paulo desenvolve em 1Cor 15, um capítulo que apresenta várias feições da retórica deliberativa. Primeiro, o capítulo procura admoestar e dissuadir os destinatários de uma compreensão teológica equivocada sobre a ressurreição e os admoesta a reafirmar a tradição que eles tinham previamente recebido. Segundo, a argumentação apresentada é construída a partir de exemplos e comparação de exemplos. Esses exemplos são Adão-Cristo (vv. 21-22.46-49) e semente-carne (vv. 36-44a). Terceiro, os *topoi* deliberativos do que é necessário, vantajoso e honrado e seus opostos são

A DERROTA DA MORTE | 129

encontrados em várias formas e os opostos estão apresentados no *topos* "em vão" que perpassa o capítulo (vv. 2.10.14.17.58).[1]

No desenvolvimento de 1Cor 15, a primeira seção contém o exórdio (vv. 1-2) e uma *narratio* (vv. 3-11), que fala sobre a ressurreição de Cristo. A primeira *refutatio* (15,12-19) explica as consequências da negação da ressurreição (vv. 12.14.16) e é seguida pela primeira *confirmatio* (15,20-34). A seção seguinte fala da possibilidade lógica da ressurreição dos mortos (15,35-58). As suas duas subseções envolvem uma segunda *refutatio* (15,35-49) e uma segunda *confirmatio* (15,50-57), depois da qual uma breve *peroratio* (v. 58) resume e conclui o argumento do capítulo.[2]

Nota-se que os vv. 50-57 constituem uma segunda *confirmatio*, logo após a aplicação da analogia Adão-Cristo à questão da ressurreição do corpo. Nesses versos, Paulo argumenta que a transformação do corpo é necessária para se entrar na existência celestial. Como na *confirmatio* dos vv. 20-28, ele utiliza um modelo que começa no v. 50 com uma *propositio*: "Irmãos, eis o que quero dizer: a carne e o sangue não podem receber de herança o reino de Deus, nem a corrupção receber de herança a incorruptibilidade." A *ratio* que estabelece a verdade da proposição está nos vv. 51-52. É apresentada com uma fórmula de revelação comum à literatura apocalíptica: "Vou ainda revelar-vos um mistério" (v. 51a), na qual Paulo apresenta um julgamento (*iudicatio*) do subtipo de um oráculo sobrenatural. Tanto para os mortos quanto para os vivos haverá uma transformação de um corpo em outro na parusia. O v. 52b repete os vv.51-52a para efeitos de amplificação.[3]

O v. 53, uma *confirmatio* que corrobora a *ratio*, começa com "pois", indicando que outras razões estão sendo apresentadas. Este versículo, sendo uma paráfrase da *propositio*, utiliza uma figura de pensamento chamada "refinamento", que repete a ideia de forma diferente, neste caso de forma positiva, com o propósito de amplificá-la. A *exortatio*, que confirma o argumento estabelecido, envolve os vv. 54-56. Como é típico, é composta de *amplificatio* (vv. 54.56) e de um *iudicatio* (v. 55). Para amplificar, repete a proposição dos vv. 50 e 53 como uma realidade futura (v. 54) e, então, a sustenta com uma *iudicatio* derivada de Is

---

[1] THISELTON, Anthony C. *The First Epistle to the Corinthians*, p. 1.177. ERIKSSON, A. *Traditions as Rhetorical Proof*; Pauline Argumentation in 1 Cor., p. 232-278. WATSON, Duane F. Paul's Rhetorical Strategy in 1 Corinthians 15, p. 233-234.

[2] CONZELMANN, Hans. *1 Corinthians. A Commentary*, p. 249. THISELTON, *The First Epistle to the Corinthians*, p. 1.177-1.178.

[3] WATSON, Paul's Rhetorical Strategy in 1 Corinthians 15, p. 247.

130 | MORTE E RESSURREIÇÃO DE JESUS

25,8 e Oseias 13,14 (v. 55), sendo seguida no v. 56 pela uma figura de linguagem chamada *definitio*, que, de forma clara e resumida, apresenta as qualidades de algo. Antes da finalização do argumento, a *definitio* clarifica a natureza da morte que é conquistada pela ressurreição. A ação de graças, no v. 57, é a *conclusio* (conclusão).[4]

A estrutura retórica de 1Cor 15,50-57, a segunda unidade da *confirmatio*, pode ser estruturada da seguinte forma:

Propositio	Irmãos, eis o que quero dizer: a carne e o sangue não podem receber de herança o reino de Deus, nem a corrupção receber de herança a incorruptibilidade (v. 50).
Ratio	Vou ainda revelar-vos um mistério: nem todos morreremos, mas todos seremos transformados. Num instante, num piscar de olhos, ao soar da trombeta final – pois a trombeta soará –, não só os mortos ressuscitarão incorruptíveis, mas nós também seremos transformados (vv. 51-52).
Confirmatio	Pois é preciso que este ser corruptível se vista de incorruptibilidade e este ser mortal se vista da imortalidade (v. 53).
Exortatio	E quando este ser corruptível estiver vestido de incorruptibilidade e este ser mortal estiver vestido de imortalidade, então estará cumprida a palavra da Escritura: "A morte foi tragada pela vitória; onde está, ó morte, a tua vitória? onde está, ó morte, o teu aguilhão?". Ora, o aguilhão da morte é o pecado e a força do pecado é a Lei (vv. 54-56).
Conclusio	Graças sejam dadas a Deus que nos dá a vitória por Nosso Senhor, Jesus Cristo (v. 57).

Essa *confirmatio* conclui o argumento iniciado no v. 35. Tendo apresentado tanto a razoabilidade da ressurreição do corpo (através das analogias dos vv. 36-44a) quanto a sua certeza (com base no corpo celestial de Cristo nos vv. 44b-49), Paulo enfatiza a necessidade de transformação da ordem presente, para que alcancemos o modo celestial de existência (vv. 50.53), o fato de que tanto os vivos quanto os mortos devem ser transformados (vv. 51-52), a ressurreição e/ou transformação que terá lugar na parusia, assinalando a derrota final da morte (vv. 54-55), a vitória de Cristo sobre o pecado, a escravidão e a morte, cujo fundamento é a graça de Deus por meio de Jesus Cristo (vv. 56-57).

---

[4] Ibid., p. 247-248.

A NECESSIDADE DE TRANSFORMAÇÃO: PRÉ-REQUISITO PARA SE HERDAR O REINO DE DEUS (VV. 50-53)

1Cor 15,50-57 se inicia com a premissa de "a carne e o sangue não podem receber de herança o reino de Deus, nem a corrupção receber de herança a incorruptibilidade" (v. 50), que é reiterada no v. 53: "Pois é preciso que este ser corruptível se vista de incorruptibilidade e este ser mortal se vista da imortalidade". Essas declarações indicam que, para se experimentar a plenitude do Reino de Deus, a existência mortal tem de ser transformada numa existência imortal. Em toda a seção, o binômio corrupção/incorrupção tem a ver com o corpo humano, que é perecível em seu estado atual, em contraste com o corpo imperecível da ressurreição. A vitória sobre a morte está no futuro, mas os cristãos já experimentam os benefícios da sua derrota, pois esta vitória está assegurada pela ressurreição de Cristo.[5]

A declaração inicial do texto de que "a carne e o sangue não podem receber de herança o reino de Deus, nem a corrupção receber de herança a incorruptibilidade" (v.50) contém um princípio que regerá toda discussão. A expressão "a carne e o sangue", utilizada por Paulo, é usada regularmente na *Septuaginta* para indicar a humanidade em sua fraqueza e vulnerabilidade, uma condição na qual ela não pode herdar o Reino de Deus (15,24-25). Segundo J. Jeremias,[6] esta expressão é utilizada em Gl 1,16; Mt 16,17; Ef 6,12 e Hb 2,14 para referir-se aos vivos e não aos mortos. Para ele, o substantivo abstrato "corrupção" (v. 50) se refere aos mortos, uma teoria que é confirmada nos vv. 51-52, que falam não somente dos mortos, mas também dos que ainda estiverem vivos na parusia. Consequentemente, "corrupção" se refere aos mortos que serão ressuscitados incorruptíveis (v. 52), enquanto "a carne e o sangue" se refere aos vivos, os quais serão transformados na parusia (v. 51). J. Jeremias estende sua tese aos vv. 53-54, nos quais encontramos os pares "mortal/imortalidade" e "corrupção/incorrupção". "Aquilo que é mortal", portanto, é o "corpo natural" biologicamente vivo, "o que é corruptível" é o "corpo natural" biologicamente morto.[7]

---

[5] FOULKES, Irene. *Problemas pastorales en Corinto. Comentario exegético-pastoral a 1 Corintios*, p. 411.

[6] Ibid., p. 412. THISELTON, *The First Epistle to the Corinthians*, p. 1.291.

[7] JEREMIAS, J. "Flesh and blood cannot inherit the kingdom of God" (1 Cor 15:50), p. 151-159.

132 | MORTE E RESSURREIÇÃO DE JESUS

A expressão "a carne e o sangue", portanto, parece ter este sentido, particularmente se temos em vista os vv. 44b-49, nos quais Paulo procura corrigir aqueles que em Corinto negavam a ressurreição. Algumas vezes Paulo usa a palavra "carne" no mesmo sentido (Rm 1,3; 6,19; 9,7-8; Gl 4,13; 2Cor 4,10-11; 12,7; Fl 1,22) e, provavelmente, este é também o sentido do termo "corpo" neste contexto. A fraqueza do ser humano e sua dependência de Deus implicam também que ele está suscetível ao domínio dos poderes cosmológicos maus. Fica claro, a partir dos vv. 26.54-57, que Paulo apresenta a morte como um poder cosmológico e, se o v. 56 deixa entrever que Paulo tem também em vista o pecado e a lei, o tema central dessa passagem é a morte e não o pecado ou a lei.[8]

O texto não quer simplesmente dizer que nossos corpos, quer mortos, quer vivos, não são, na forma em que se encontram, adequados para o Reino, mas que, para que possam alcançar essa realidade futura, aos que são de Cristo é imprescindível que haja uma transformação do corpo atual, sujeito à decomposição e ao desaparecimento (1Cor 15,23). Fica claro a necessidade de uma transformação corporal, e a estrutura apocalíptica do pensamento paulino está patente nessa afirmação, que mostra "uma radical incompatibilidade entre a condição presente da existência humana e a condição dos ressuscitados". A transformação é necessária e ela implica não somente a transformação da fraqueza em poder (vv. 43-44), mas também uma nova criação liberta do pecado.[9] Por isso, esta seção retoma, em ordem inversa, os dois aspectos de mudança descritos em 15,43-44: "Semeado na humilhação, ressuscita na glória; semeado na fraqueza total, ressuscita no maior dinamismo; semeia-se um corpo só com vida natural, ressuscita um corpo espiritual". Um corpo constituído pela presença e direção do Espírito Santo, portanto, implica santidade e não pecado (v. 50a), mudança da fraqueza, degeneração e decadência (v. 50b). No texto, o verbo herdar é usado com o sentido de "estar de posse da existência escatológica" e tudo o que isso implica. Com isso, Paulo designa o "tempo final" ou o "último dia" como aquele no qual "Deus seja tudo em todos" (15,28).[10]

---

[8] DE BOER, Martinus. *The Defeat of Death*. Apocalyptic Eschatology in 1 Corinthians 15 and Romans 5, p. 131-132.

[9] THISELTON, *The First Epistle to the Corinthians*, p. 1.291. CONZELMANN, Hans. *1 Corinthians*. A Commentary, p. 288-289.

[10] DE BOER, *The Defeat of Death*. Apocalyptic Eschatology in 1 Corinthians 15 and Romans 5, p. 138.

A DERROTA DA MORTE | 133

Paulo afirma uma vez mais a necessidade de transformação como pré-requisito para herdar o Reino de Deus. Fica claro como o texto afirma a necessidade de uma nova criação, além de indicar que as coisas corruptíveis não podem mudar a si mesmas. "Incorrupção" denota, portanto, o fim da degeneração ou decadência, pois isto está implícito na grandeza de um modo de existência dirigido pelo Espírito Santo vivo e ativo (v. 44). Esta passagem, especialmente os vv. 48-54, aproxima-se da declaração de Fl 3,21, na qual Paulo usa o verbo "transformar" para designar a transformação ou transfiguração, juntamente com "o nosso corpo, humilhado", acrescentando que essa transfiguração ocorre em similaridade e de acordo com o moldar do seu corpo glorioso, "graças ao poder que o torna capaz também de sujeitar a si todas as coisas". É como se, depois de refletir sobre 1Cor 15,23-54, Paulo sumarizasse e reafirmasse sucintamente a declaração de Fl 3,20-21: "Nós, ao contrário, somos cidadãos do céu. De lá aguardamos como salvador o Senhor Jesus Cristo. Ele transformará o nosso corpo, humilhado, tornando-o semelhante ao seu corpo glorioso, graças ao poder que o torna capaz também de sujeitar a si todas as coisas".[11]

Por essa razão, a questão maior levantada pela expressão "nem todos morreremos", no v. 51, retorna à iminência da perspectiva escatológica, podendo, estritamente, significar (1) ninguém morrerá, ou seja, a parusia ocorrerá antes de qualquer fiel morrer; (2) nem todos morreremos, ou seja, a parusia virá durante a nossa vida; (3) nenhum dos seres humanos morrerá, ou seja, a parusia interromperá a história humana mais cedo ou mais tarde, num tempo não especificado. A primeira hipótese fica excluída por causa dos comentários de Paulo sobre alguns dos cristãos de Corinto que já tinham morrido (15,29; cf. 11,30, que alude presumivelmente à morte prematura por causa da "fraqueza" ou "doença"). A segunda hipótese é usualmente associada com teoria do desenvolvimento radical na teologia de Paulo de uma escatologia iminente nas primeiras cartas para uma escatologia quase realizada a partir de 2Cor (ver 1Ts 4,15; 1Cor7,29).[12] A terceira hipótese reflete a preocupação maior que Paulo expressa nos vv. 51-52: "Vou ainda revelar-vos um mistério: nem todos morreremos, mas todos seremos transformados. Num instante, num piscar de olhos, ao soar

---

[11] Cf. 1Cor 15,23-28, especialmente o v. 27: "Com efeito, Deus pôs tudo debaixo de seus pés. Ora, quando ele disser: 'Tudo está submetido', isso evidentemente não inclui Aquele que lhe submeteu todas as coisas".

[12] THISELTON, *The First Epistle to the Corinthians*, p. 1.293-1.294.

134 | MORTE E RESSURREIÇÃO DE JESUS

da trombeta final – pois a trombeta soará –, não só os mortos ressuscitarão incorruptíveis, mas nós também seremos transformados".[13]

Paulo quer demonstrar que, como peregrinos escatológicos, devemos estar prontos para a parusia, que deve ocorrer a qualquer momento. Este é o tema anterior de 1Ts 4,13-18 e, depois, de 1Cor 15 e de Fl 3,20-21. Filipos, assim como Corinto, era uma colônia romana em solo grego. Essas comunidades entenderiam a alusão que é feita: "Nós, ao contrário, somos cidadãos do céu. De lá aguardamos como salvador o Senhor Jesus Cristo. Ele transformará o nosso corpo, humilhado, tornando-o semelhante ao seu corpo glorioso, graças ao poder que o torna capaz também de sujeitar a si todas as coisas" (Fl 3,20-21). Paulo não afirma que os tessalonicenses e os filipenses ou os destinatários de 1Cor são necessariamente a última geração (embora pudessem ser), já que eles também aguardam "a revelação de Nosso Senhor Jesus Cristo" (1Cor 1,4-9). 1Ts 4 e 1Cor 15 refletem a preocupação maior de Paulo com o Plano de Deus para a humanidade como uma corporeidade, para os fiéis como o corpo coletivo de Cristo. Para ele não interessa se alguém já morreu ou está vivo no momento da parusia: todos seremos igualmente transformados. Provavelmente, não existe, para Paulo, distinção entre esses dois grupos. A transformação e a ressurreição são vistas como duas partes de um mesmo evento. Portanto, a declaração de Paulo assegura que os que já morreram não perderam nada do que será experimentado por quem ainda estiver vivo na parusia e, inversamente, assegura aos que sobreviverem que eles também, como os que já morreram, compartilharão a mesma experiência de ressurreição-transformação.[14]

Dessa forma, a palavra "mistério" (v. 51a), utilizada no texto, pode ter duas nuances. Por um lado, é usada como em outros lugares para denotar o que estava escondido, mas foi revelado pela ação divina. Por outro, Paulo sabe que é a própria ressurreição de Cristo que provê o modelo da ressurreição (Fl 3,20-21) e é este aspecto que fundamenta seu uso. A mudança ou transformação será instantânea, ou seja, num momento, o "menor período de tempo concebível". A expressão "num piscar de olhos" é uma metáfora que designa instantaneidade.[15] A última trombeta intensifica a metáfora da repentinidade, adicionando a dimensão de um decreto divino. Nas Escrituras as manifestações de Deus estão

---

[13] Ibid., p. 1.294.
[14] Ibid., p. 1.295.
[15] Ibid., p. 1.295-1.296.

A DERROTA DA MORTE | 135

associadas com o som da trombeta. Além disso, a trombeta desperta um exército adormecido para retomar com rapidez sua atividade, incluindo uma possível batalha. Em vista desse pano de fundo militar, com o qual os destinatários deviam estar familiarizados, o som da trombeta seria interpretado como um sinal dirigido a todos, anunciando o momento de mudança, de acordo com o momento do decreto real de Deus.[16]

Nesse contexto a palavra "incorruptibilidade" é utilizada novamente para descrever o modo de existência característico dos ressuscitados. Nesse processo dirigido pelo Espírito, o corpo será ressuscitado sem decadência, sem degeneração. Nesse sentido, o uso do pronome demonstrativo "este", duas vezes no v. 53, duas no v. 54, indica a clara continuidade da identidade deste corpo, mesmo em meio a uma transformação radical. A mesma identidade, reconhecível e responsável, é transfigurada numa forma radicalmente diferente, mas permanece o ser criado em sua totalidade. O uso de "é preciso" sublinha novamente a necessidade de mudança, repetidamente afirmado nos vv. 51-52. Esse corpo sujeito à decadência é revestido de incorruptibilidade: "Pois é preciso que este ser corruptível se vista de incorruptibilidade e este ser mortal se vista da imortalidade" (v. 53).[17]

A VITÓRIA SOBRE A MORTE (VV. 54-57)

No desenvolvimento do argumento sobre a ressurreição dos mortos em 1Cor 15, Paulo afirma que o Reinado de Cristo ocorrerá quando a morte, o último poder cosmológico inimigo, for destruída (vv. 20-28). Nos vv. 54-57 fala uma vez mais sobre a morte de forma similar:

> E quando este ser corruptível estiver vestido de incorruptibilidade e este ser mortal estiver vestido de imortalidade, então estará cumprida a palavra da Escritura: "A morte foi tragada pela vitória; onde está, ó morte, a tua vitória? onde está, ó morte, o teu aguilhão?". Ora, o aguilhão da morte é o pecado e a força do pecado é a Lei. Graças sejam dadas a Deus que nos dá a vitória por Nosso Senhor, Jesus Cristo (15,54-57).

Paulo retorna ao aspecto já destacado no v. 53, repetindo-o como ponto de partida para os vv. 54b-55 e, então, para os vv. 56-57. Ele uti-

---

[16] Na literatura apocalíptica, a trombeta é imagem padrão utilizada para anunciar um novo começo decretado por Deus. No Apocalipse de João o som da trombeta escatológica assinala a passagem da presente ordem para a nova ordem que virá.

[17] THISELTON, *The First Epistle to the Corinthians*, p. 1.297.

liza, com algumas alterações, Is 25,8a: "Acabou com a morte para sempre", e Oseias 13,14: "Devo eu tirá-los das garras do Abismo, libertá-los do poder da Morte? Onde está, ó Morte, a tua praga? Onde está, Abismo, a tua peste? A compaixão está fora da minha vista", ficando assim a sua declaração: "Onde está, ó morte, a tua vitória?; onde está, ó morte, o teu aguilhão?". As mudanças introduzidas nas citações se devem aos objetivos retóricos de Paulo e também à influência do v. 54b: "A morte foi tragada pela vitória", cujo tema, como no v. 57, indica o triunfo apocalíptico de Deus sobre a morte, o último inimigo, através de "Nosso Senhor, Jesus Cristo".[18]

"Vitória", realmente, oferece uma ligação retórica próxima entre as duas citações e, em todos os eventos, a personificação paulina da morte é derivada de Oseias 13,14. Paulo procura fazer com que cada texto do Antigo Testamento ilumine a compreensão do outro. Com essas citações Paulo projeta uma visão escatológica da morte não mais marcada pelo aguilhão, precisamente porque o próprio Jesus Cristo absorveu o "aguilhão" baseado em como sua morte e ressurreição coloca o problema do pecado e da lei (vv. 55-57). A palavra "aguilhão" indica o ferrão ou a mordida de um animal venenoso ou inseto. Denota também o ferrão usado não somente por condutores de gado, mas também para punição ou tortura. Paulo, portanto, declara que a morte foi tragada não somente para sempre (Is 25,8), mas também pela vitória. Para indicar a falta de poder da morte em danificar, intimidar ou constranger, Paulo usa o vocativo como um escárnio em referência a um atacante hostil, mas desarmado, amarrado e sem poder: "Onde está, ó morte, a tua vitória?; onde está, ó morte, o teu aguilhão? (v. 55). Nesse contexto a afirmação do v. 56: "Ora, o aguilhão da morte é o pecado e a força do pecado é a Lei" apresenta suscintamente a doutrina de Rm 4-7 e Gl 3 com respeito à inter-relação entre lei, pecado e morte.

Segundo Bultmann,[19] não há nenhuma relação causal entre pecado e morte, já que a morte é um processo biológico da natureza, mas ele sustenta que Paulo objetifica a relação entre pecado e morte num esquema conceitual: "A morte é a punição pelo pecado que o ser humano tem cometido", além de outras passagens falarem da morte como fruto de uma vida pecaminosa. Paulo pode, portanto, afirmar aos féis que eles,

---

[18] CONZELMANN, *1 Corinthians. A Commentary*, p. 292-293. HEIL, John Paul. *The Rhetorical Role of Scripture in 1 Corinthians*, p. 248-251.

[19] BULTMANN, R. *Teologia del Nuevo Testamento*, p. 300-304.

uma vez colocados numa justa relação com Deus através da obra de Cristo, podem considerar a si mesmos (ou seja: determinados pelo mundo escatológico no qual estão) "mortos para o pecado e vivos para Deus, no Cristo Jesus" (Rm 6,11) e livres da morte (cf. Rm 6,13). Uma inversão do processo de perdição, degeneração, de ser "os que se perdem" (1Cor 1,18) aconteceu através da obra de Cristo e alcança sua meta última na transformação final da ressurreição.

Esse aspecto coloca a questão de Paulo que se refere à humanidade e lembra a declaração de Rm 7,24: "Infeliz que eu sou! Quem me libertará deste corpo de morte?". Paulo expressa, nesse verso, no contexto de Rm 7,7-25, que o problema da Lei exige uma resposta. A teologia da Lei que aparece em Rm 7,7-25 é apresentada partindo do significado de Cristo para Paulo. Por essa razão, ao falar da impossibilidade da Lei como caminho de salvação (Rm 8,3), Rm 7,7-25 expressa a existência do ser humano sob a Lei, destacando dois aspectos: 7,7-12 apresenta a relação entre Lei e pecado e 7,13-25 a relação entre Lei e morte. Por isso afirma que a Lei testemunha o pecado como um grande poder: "O pecado começa a mostrar-se como pecado, seu poder, tendo por base a Lei. O pecado traz consigo que a Lei, que me foi dada para a vida, me conduza à morte" (cf. Rm 7,7-12). Rm 7,12 afirma: "A Lei é santa, como também o preceito é santo, justo e bom". Isso significa que não foi a Lei que me trouxe a um estado de morte. "A Lei é boa", ela não poderia produzir este mau estado de coisas. Não, o vilão é o pecado. O pecado agarrou a oportunidade que teve quando a Lei mostrou o que era certo e o que era errado, sem dar-me poder para fazer o primeiro e evitar o último (poder que a Lei jamais foi destinada a dar). O pecado me forçou, contra o meu melhor juízo, a fazer o que a Lei me mostrou que é errado. Assim, ele me envolveu na condenação e na morte. Consequentemente, pude julgar quão pecaminoso e contrário a Deus e à bondade o pecado é realmente.[20]

Rm 7,13-25 afirma que o ser humano faz não o que quer, mas o que não quer. Ele não é dono de sua prática. Segundo Rm 7,13, "[...] o pecado se serviu do que é bom para me matar". Ele é sujeito atuante: "Já não sou eu que estou agindo, mas sim o pecado que habita em mim"; "Se faço aquilo que não quero, então já não sou eu que estou agindo, mas o pecado que habita em mim" (Rm 7,17.20). O pecado domina, não sou mais senhor em minha própria casa. Há uma divisão dentro de

---

[20] EICHHOLZ, G. Missión e límite de la Torá. In: *El Evangelio de Pablo*. Esbozo de la teología paulina, p. 353-355, 358.

138 | MORTE E RESSURREIÇÃO DE JESUS

mim: "Não faço o bem que quero, mas faço o mal que não quero" (Rm 7,19). Eu faço o contrário do que quero. Rm 7,18 afirma que "[...] o bem não habita em mim, isto é, na minha carne". É o pecado que habita em mim. Ele atua e põe em xeque o meu eu (Rm 7,23). É uma lei diferente que age em meu corpo, que luta contra aquilo que minha mente aprova, tornando-me prisioneiro da lei do pecado que age em meus membros: "Não caminho para a liberdade, pois levo em mim e experimento em meus membros a divisão".[21] Já não sou senhor da situação e é isso que conduz à conclusão de 7,24-25: "Infeliz que eu sou! Quem me libertará deste corpo de morte? Graças sejam dadas a Deus por Jesus Cristo, nosso Senhor! Em suma: pela minha mente sirvo à Lei de Deus, mas pela carne sirvo à lei do pecado".

Portanto, a despeito de a Lei ser santa e boa (cf. Rm 7,12-13), devendo trazer vida, realiza o efeito oposto no contexto da existência atual do ser humano, do pecado e da escravidão. Rm 1,18-2,29; 5,12-21 sublinha a culpabilidade humana, que a Lei parece intensificar como um tipo de escravidão (Rm 3,20; 6,20; 7,7). Mas Rm 7,7-25 e Gl 3–5 devem ser interpretados como parte maior da obra de Cristo em estabelecer a nova criação sob a graça, pois Cristo "nos redimiu da maldição da Lei, tornando-se maldição em nosso lugar". A afirmação de Rm 10,4: "Pois Cristo é o fim da Lei, para que seja justificado todo aquele que crê" mostra o início de uma nova vida escatológica, em que Deus e a humanidade se encontram sob novas condições. Cristo satisfez também a exigência da Lei, a fim de estabelecer uma nova relação com Deus, agora "sem a lei" (Rm 3,21; 8,4).

Para entender Paulo, portanto, precisamos considerar os aspectos conceituais que estão relacionados com a Lei, os quais são determinados pelo seu contexto: (1) a Lei (Torá) como a autorrevelação suprema de Deus, dádiva de Deus a Israel (Rm 7,12-13); (2) a Lei como um "indicador moral, que nos dá consciência da gravidade do pecado" (cf. Rm 3,20); (3) a Lei usada no sentido mais amplo de princípio ou regra de causa e efeito, que pode ser aplicada a toda a humanidade ou mesmo à "Lei do Espírito". O problema maior relacionado com o aspecto judicial ou lei de causa e efeito é que liga o ser humano aos efeitos de suas ações passadas. As consequências da destruição, autocontradição, culpa e, por último, da morte são apresentadas. Tanto este aspecto quanto o aspecto da lei como "indicador moral" ("o poder do pecado é a Lei") traz a morte

---

[21] Ibid., p. 361.

com o seu aguilhão. Entretanto, uma vez que a obra de Cristo libertou o fiel da situação que o liga ao fruto do pecado e à culpa do passado (Gl 3,13a), ele está livre para viver o futuro. Realmente, a redenção no uso bíblico segue este modelo: a libertação da dureza e escravidão, por meio do ato salvador de Deus, conduz a um novo futuro, que tem uma nova forma de vida.[22]

É justamente isso que nos conduz a 1Cor 15,57, em que Paulo dá graças pela vitória sobre a morte, sobre o poder da morte em aliança com a Lei e o pecado. O v. 56 afirma que o "aguilhão da morte é o pecado e a força do pecado é a Lei", mas o v. 57 afirma "graças sejam dadas a Deus que nos dá a vitória por Nosso Senhor, Jesus Cristo". A vitória vem por meio de Nosso Senhor Jesus Cristo e está na libertação que advém da sua morte propiciatória da condenação da Lei, do poder do pecado e, consequentemente, da morte dolorosa, uma corrente que só poderia ser quebrada pelo poder operativo da cruz (Rm 3,23-24).

O significado de "nos dá a vitória" indica, portanto, que, ainda que a última ressurreição seja futura, a base da vitória é uma dádiva presente, fundamentando a exultação e ação de graças mencionada. Ela expressa também a dádiva presente da graça aos fiéis, para quem o potencial destrutivo do pecado, da Lei e da morte como uma perspectiva terrível foi quebrado. A realidade presente é que o aguilhão da morte foi anulado pela vitória de Cristo. Os que creem já compartilham esta vitória, mesmo se a apropriação final de tudo que isso implica tenha ainda de ser apropriado e experimentado completamente no último dia. A vitória dada por Deus é uma vitória da graça: "Nos dá a vitória" contém resumidamente a mensagem do capítulo 15, pois, quando Deus ressuscitou a Cristo, não o fez somente para ele; pelo contrário, ele o fez por todos nós. O corpo de Cristo compartilha a sua vitória. A comunidade cristã também espera a ressurreição.[23]

O SIGNIFICADO DA RESSURREIÇÃO

O ser humano está sujeito à morte e à corrupção. Por causa do poder da morte, "a carne e o sangue não podem receber de herança o reino de Deus, nem a corrupção receber de herança a incorruptibilidade". Para impedir e anular o poder da morte, é necessário uma transformação

---

[22] THISELTON, *The First Epistle to the Corinthians*, p. 1.303.
[23] Ibid., p. 1.303-1.304.

ontológica: o corruptível precisa ser transformado em incorruptibilidade e o que é mortal em imortalidade, uma transformação que significa a derrota da morte: "E quando este ser corruptível estiver vestido de incorruptibilidade e este ser mortal estiver vestido de imortalidade, então estará cumprida a palavra da Escritura: "A morte foi tragada pela vitória" (v. 54). Depois da transformação dos vivos e dos mortos, o poder da morte não pode reivindicar mais vítimas: "Onde está, ó morte, a tua vitória?; onde está, ó morte, o teu aguilhão?" (v. 55a). O novo "corpo espiritual", que será dado na parusia tanto para os que estão agora vivos quanto para os que já morreram é um corpo que não está mais sujeito ao poder da morte, será um corpo dado por Deus (v. 38). O desenvolvimento da argumentação que fundamenta a existência de um "corpo espiritual", portanto, finaliza com um argumento apocalíptico/cosmológico, que, por um lado, proclama a derrota da morte e, por outro, o triunfo definitivo de Deus.

Nesse sentido se destacam dois aspectos importantes no desenvolvimento de 1Cor 15,50-57. O primeiro, desenvolvido a partir da premissa de que "a carne e o sangue não podem receber de herança o reino de Deus, nem a corrupção receber de herança a incorruptibilidade", indica que, para se experimentar a plenitude do Reino de Deus, a existência mortal do ser humano precisa ser transformada em uma existência imortal. A expressão "a carne e o sangue", usada na tradição bíblica para indicar a humanidade em sua fraqueza e vulnerabilidade, indica a condição em que a humanidade não pode herdar o Reino de Deus. A fraqueza do ser humano e sua dependência de Deus implica também o estar sujeito ao domínio dos poderes cosmológicos maus. O texto não quer simplesmente dizer que nossos corpos, quer mortos, quer vivos, não são, na forma em que se encontram, adequados para o Reino, mas que, para que possam alcançar essa realidade futura, aos que são de Cristo é imprescindível que haja uma transformação do corpo atual, sujeito à decomposição e ao desaparecimento. A transformação é necessária e ela implica não só a transformação da fraqueza em poder, mas também uma nova criação liberta totalmente do pecado.

O segundo aspecto que o texto apresenta introduz o tema da derrota definitiva da morte. Esta vitória ocorrerá no futuro, por ocasião da parusia, mas os cristãos já podem experimentar os benefícios da sua derrota, pois a vitória foi assegurada pela vida, morte e ressurreição de Cristo. O Reinado de Cristo ocorrerá quando a morte, o último poder cosmológico inimigo, for destruída. Paulo pode, portanto, afirmar aos féis que eles, uma vez colocados numa justa relação com Deus através da obra de Cristo, podem considerar a si mesmos (ou seja: determinados pelo mundo escatológico em que estão) "mortos para o pecado mas vivos para Deus" e "livres da morte" (cf. Rm 6,13-14). Uma inversão do processo de perdição, degeneração, de ser "os que se perdem" aconteceu através da obra de Cristo e alcança sua meta última na transformação final da ressurreição, razão pela qual Paulo dá graças a Deus pela vitória sobre a morte, sobre o poder da morte em aliança com a Lei e o pecado. A vitória vem por meio de Nosso Senhor Jesus Cristo e está na libertação que advém da condenação da Lei, do poder do pecado e, consequentemente, da morte dolorosa, uma corrente que só poderia ser quebrada pelo poder da cruz (Rm 3,23-24).

A ressurreição de Cristo, portanto, suscita a esperança de ressurreição para todos. Os problemas concretos na comunidade ameaçavam justamente o conteúdo teológico da ressurreição. Para os negadores da ressurreição, isso estava se convertendo num entusiasmo que pervertia a vida e invertia todas as normas. Paulo se confronta com pessoas que se converteram à fé cristã, mas que, afirmando que a ressurreição já havia acontecido, postulavam plena liberdade e que tudo lhes era permitido. Paulo confronta essas pessoas com as realidades concretas do tempo presente, quando vigoram "a carne e o sangue". A esperança na ressurreição não nos conduz já para o mundo futuro. O cristão vive na esperança ainda dentro do velho mundo, pois a ressurreição introduz algo novo e qualitativo na história. Quem vive conforme Cristo viveu e morreu é nova criatura e ressuscita. Essa novidade de vida já está presente, mas não totalmente, porém ela fundamenta a esperança e a confiança em Cristo, que ressuscitou dos mortos para a vida. A comunidade cristã também espera a ressurreição. Ao afirmar a sua fé na ressurreição, a sua esperança se dirige para além desta vida (1Cor 15,19).

1Cor 15,50-57, ao afirmar a necessidade de uma transformação ontológica, indica que a morte não tem mais poder para reivindicar suas vítimas. A morte, um poder inimigo que usurpou o lugar de Deus e está em oposição ao propósito e desejo divino, envolve outros poderes inimigos e marca o mundo humano como a esfera da separação de Deus e, assim, da vida. Para Paulo, o Evangelho do Cristo Crucificado e Ressuscitado desmacara o fato de que por trás da realidade humana universal da morte opera um poder cosmológico inimigo, o poder desta era, que,

142 | MORTE E RESSURREIÇÃO DE JESUS

como tal, está destinado à destruição. É assim que ele desenvolve seu argumento contra os negadores da ressurreição ao caracterizar a morte, apocalipticamente, como um poder quase angélico, que será destruída pelo Reinado do Cristo, de modo que Deus e não a morte pode ser "tudo em todos". Por trás da realidade da morte e a promessa da ressurreição há um confronto apocalíptico de proporção cósmica entre Cristo e o poder da morte, que tem subjugado e alienado os seres humanos de Deus.

Os argumentos de Paulo contra os negadores da ressurreição realçam e não reduzem o elemento mitológico, ou seja, a morte é apresentada como um poder cosmológico, quase angélico. Paulo, em parte, realça esse elemento mitológico ao apresentar a morte junto com principados e poderes já conhecidos dos coríntios, mas agora dentro do contexto de um conflito apocalíptico que tem seu ponto de partida na ressurreição de Cristo dentre os mortos. A caracterização de Paulo da morte e dos poderes é totalmente cosmológico-apocalíptica: são poderes da antiga era, que são e serão destruídos pelo Reinado de Cristo. A morte como um poder cosmológico, cuja destruição é assegurada pelo Reinado de Cristo, que é as primícias da colheita da salvação universal, é parte integral do argumento paulino.

Cristo derrotará todos os poderes inimigos, inclusive a morte. O fundamento dessa promessa soteriológica é a própria ressurreição de Cristo dentre os mortos, o que significa que "todas as coisas", ou seja, todos os poderes, incluindo a morte, estão agora sob seus pés (15,27). A compreensão de Paulo, baseada na ressurreição de Cristo dentre os mortos, define sua escatologia apocalíptica, porque consistente com as ideias apocalípticas judaicas que fundamentam seu pensamento, a morte (em todas as suas formas) marca uma descontinuidade radical entre "esta era" e a "era por vir", entre os seres humanos e Deus. No contexto do argumento de 1Cor 15, portanto, a tirania cósmica da morte que é desmascarada na ressurreição de Cristo dentre os mortos significa que os seres humanos são incapazes de realizar sua própria salvação e não podem se gloriar, exceto no Senhor (1Cor 1,31). O argumento de Paulo contra os negadores e em favor da ressurreição dos mortos é, assim, uma extensão de sua teologia da cruz (1Cor 1,18-25), pelo que os coríntios estão diante do Deus que, por meio de Cristo, vence os poderes que os têm dominado e que os alienam de Deus. Dessa forma, Paulo pode exclamar: "Graças sejam dadas a Deus que nos dá a vitória por Nosso Senhor, Jesus Cristo" (1Cor 15,57).

BIBLIOGRAFIA

BULTMANN, R. *Teología del Nuevo Testamento*. Salamanca: Sígueme,1981.

CONZELMANN, Hans. *1 Corinthians*. A Commentary. Philadelphia: Fortress Press,1975.

DE BOER, Martinus. *The Defeat of Death*. Apocalyptic Eschatology in 1 Corinthians 15 and Romans 5. Sheffield: Sheffield Academic Press, 1988.

EICHHOLZ, G. *El Evangelio de Pablo*. Esbozo de la teología paulina. Salamanca: Sigueme, 1977. (Biblioteca de Estudios Biblicos, n. 17.)

ERIKSSON, A. *Traditions as Rhetorical Proof*; Pauline Argumentation in 1 Cor. Stockholm: Almqvist & Wiksel, 1998.

FOULKES, Irene. *Problemas pastorales en Corinto*. Comentario exegético-pastoral a 1 Corintios. San José: DEI, 1996.

HEIL, John Paul. *The Rhetorical Role of Scripture in 1 Corinthians*. Atlanta: Society of Biblical Literature, 2005.

JEREMIAS, J. "Flesh and blood cannot inherit the kingdom of God" (1 Cor 15:50). *New Testament Studies* 2 (1955) 151-159.

THISELTON, Anthony C. *The First Epistle to the Corinthians*. Grand Rapids: W. B. E. Publishing Co., 2000.

WATSON, Duane F. Paul's Rhetorical Strategy in 1 Corinthians 15. In: PORTER, Stanley E.; OLBRICHT, Thomas H. (eds.). *Rhetoric and the New Testament*. Essays from the 1992 Heidelberg Conference. Sheffield: Sheffield Academic Press, 2001.

Resposta a
John Dominic Crossan:
Ressurreição

Archibald Mulford Woodruff*

O discurso de Crossan sobre a ressurreição tem muito com que é necessário concordar. "A ressurreição" no Novo Testamento e no seu contexto judaico era, sem dúvida, em primeiro lugar, a ressurreição geral de muitos, e a nova vida dos cristãos era, também sem dúvida, uma participação na ressurreição, uma vida ressurrecional já deste lado do túmulo. Se Crossan tivesse somente falado isso e encerrado seu discurso, a resposta cabível seria só aplaudir. Mas foi além e se mostrou reducionista. Reduziu a ressurreição dos cristãos à vida vivida por eles. É uma vida de desprendimento, uma vida ascética, uma vida que se deixa comparar com a dos cínicos. A comparação com os cínicos não me assusta. Afinal, se o cinismo não foi uma influência no início do Cristianismo, passou a ser uma influência depois. O que precisa ser questionado é a redução da ressurreição a um estilo de vida. Mais: para Crossan, a diferença entre a descrição que faz e a crença tradicional se resume a "literalismo",[1] o literalismo de dizer que a ressurreição de Jesus aconteceu da maneira contada nos Evangelhos. Vou defender que algo mais está em jogo.

Um outro assunto é a crítica que Crossan faz do filme *A Paixão do Cristo*, de Mel Gibson. Tal crítica está correta e deve ser reforçada e ampliada.

Faltam, no discurso de Crossan, dois assuntos que não foram tratados o suficiente. Um é a alegria. Se os cristãos primitivos e certos pagãos tinham vidas de desprendimento, os sabores do desprendimento eram diferentes: de um lado, uma renúncia; do outro, uma alegria. Mas vou

---

* Professor doutor, docente da pós-graduação em Ciências da Religião da Universidade Metodista de São Paulo.

[1] Ele entende "literalismo" e não "fundamentalismo", pois fundamentalismo é marcado por uma agressividade que não está contida num literalismo ingênuo: "Um fundamentalista é um literalista que insiste que os outros sejam também literalistas".

146 | Morte e ressurreição de Jesus

deter-me mais no outro assunto: o poder. Dentro do Evangelho de Marcos, o saduceu que nega a ressurreição é condenado por desconhecer o poder de Deus (Mc 12,24). Paulo fala de Jesus Cristo como "declarado Filho de Deus com poder, desde a ressurreição dos mortos" (Rm 1,4). Paulo fala dele junto a "Deus Pai, que o ressuscitou dos mortos" (Gl 1,1). Quem ouve essas palavras lembra, talvez, de palavras veterotestamentárias como estas: "Ele [Deus] ergue o fraco da poeira, tira o pobre do monturo" (Sl 113,7 – TEB); "Pela honra do teu nome, SENHOR, tu me farás viver" (Sl 143,11 – TEB).[2] Nesta corrente teológica, é uma característica de Deus que ele levanta, levanta os fracassados e até os mortos. É uma forma de crença que se deixa contrapor ao desespero em situações difíceis ou mais do que difíceis.

Não faltam situações no mundo que derrubam os ânimos de qualquer um. Muitas outras situações no mundo de hoje são desanimadoras. Um país enfrentou uma onda de repressões violentas e cruéis, como aconteceu especialmente em Mianmar (ex-Birmânia) justamente na época da visita de Crossan ao Brasil. Lá, os militares invadiram mosteiros e torturaram monges. O assassinato de Dorothy Stang é destinado, aos olhos de quem praticou a barbaridade, a levar os moradores do local a desistir de seu projeto de conviver com a floresta. Uma crise econômica traz o perigo de fome para muitos, mas especialmente em certos locais. O tamanho da violência contra mulheres adultas e meninas começa a se manifestar. É grande. Quem sabia que tanto mal estava sendo feito? Fala-se da "luz no fim do túnel", mas também que tal luz é, na verdade, o farol do trem que se aproxima, prestes a esmagar tudo o que estiver na sua frente. As notícias são desanimadoras, não somente para os atingidos primários, os que mais sofrem, mas também para todos que, num espírito missionário, se solidarizam. Os atingidos gritam, os outros gritam em solidariedade, e os gritos são endereçados a Deus. Estamos na luta, os nossos esforços não bastam, por isso mesmo nós gritamos por auxílio.

O "poder da ressurreição", por mais vaga que seja a nossa ideia correspondente, é lembrado e mencionado nessas situações. Não entendemos muito sobre Deus, afora a preciosa revelação que nos foi outorgada. Se falarmos em termos especulativos sobre a natureza de Deus, podemos fazê-lo muito mal. Não entendemos a Santíssima Trindade, não entendemos o gênero de Deus, não entendemos as duas naturezas de Cristo.

---

[2] O verbo *ḥay* (viver) está no piel em uso causativo.

Mesmo assim, muitos de nós continuamos a crer em Deus e a dirigir a ele os nossos gritos. Toda a questão de Deus seria diferente para uma pessoa que não sofre.

O "poder da ressurreição" é uma expressão que também não entendemos muito bem. Mas, para conferir, qual seria o sentido dessa expressão à luz da proposta de Crossan? O poder da ressurreição seria o poder das nossas vidas. É um bom começo. O poder de nosso amor e nosso perdão já é uma coisa que vai longe. Ouvindo Crossan, é possível imaginar isso em termos individuais, o poder do meu amor e do meu perdão. O nosso amor coletivo é mais forte, mesmo quando demonstrado em ações não violentas. Crossan pode ter mencionado isso. Com criatividade, métodos não violentos são inventados, de vez em quando, em situações em que ninguém esperava tanto. Por outro lado, o que deu certo para Gandhi e o que deu certo para Martin Luther King foram acontecimentos que se deram em situações históricas bem específicas, e o poder de nossas vidas continua sendo um poder bem frágil.

Falar que o poder da ressurreição está ao nosso lado faz sentido nessas situações. Se não entendemos a Deus, tampouco entendemos a ressurreição. Contrariados com as clarezas de Crossan, devemos cair no obscurantismo? Esta pequena nota não visa a ir tão longe de uma vez, sem maior estudo do assunto. Cabe, sim, uma reclamação: A questão do "poder da ressurreição" estava completamente fora da palestra de Crossan. E sem falar desse poder, que muitos procuram e sentem nas suas vidas, o tratamento que Crossan deu à ressurreição é incompleto.

SOBRE O FILME DE MEL GIBSON

As mazelas do filme de Mel Gibson são múltiplas. Às críticas de Crossan quero acrescentar as minhas.

Primeiro, a estética da violência. O comportamento humano que pode ser chamado de violência é bastante variado. A língua portuguesa, na sua forma brasileira, dispõe de um rico vocabulário de violência, e testemunha o fato de que violência não é uma coisa só. A vítima, evidentemente, não gosta de nenhum tipo de violência, mas reconhece diferenças entre o mal e o pior, o curto e o longo, a violência que somente dói e a violência destinada a humilhar. Existia também, no Guantánamo de Bush, a violência destinada a desorganizar a alma. Na literatura brasileira, Rubem Fonseca mostra uma sensibilidade nesta área, em *Feliz*

Ano Novo e *Agosto*. O perigo com os escritos dele é que se tornam uma espécie de pornografia, pornografia de violência e não de sexo. Mas ele usa a linguagem de violência que transmite uma ou outra mensagem. O Evangelho de Marcos também transmite mensagens através da violência diferenciada. Uma orelha é decepada, um jovem foge sem o linho fino que vestia, o leitor/ouvinte sabe que tudo aconteceu rápido. É como o momento no filme *Do the Right Thing* [*Faça a coisa certa*] em que a polícia chega e um segundo depois o rapaz "Radio Raheem" está esticado no capô da viatura, morto. Tudo rápido. A própria rapidez é violenta, como também o resultado o é.

Em Marcos, a malconduzida audiência de Jesus ante o sumo sacerdote na presença de membros do sinédrio termina na "sentença" oral, e Jesus é entregue aos servidores, que o recebem com violência. Já é uma outra violência. É um ato de repúdio a esse homem, que sofre uma morte social e não é mais "gente". É o ritual dos carcereiros com um novo prisioneiro, comunicando a ele que ele está na prisão, está separado da humanidade, não é mais gente. Existem carcereiros que gostam deste ritual. Zombaria faz parte. Depois, quando Pilatos entrega Jesus aos soldados romanos, um ritual semelhante e pior vai acontecer, mas é ainda pior. O cineasta Mel Gibson é famoso por trabalhar com violência, mas será que ele está a par desses aspectos? Com ele, o que se vê é uma flagelação lenta e de longa duração, evidentemente modelada na autoflagelação de certas devoções medievais. Para apreciar o filme, é necessário apreciar esse tipo de devoção. Será que Gibson entende de violência?

Segundo, a figura de Pôncio Pilatos. Existe uma contradição entre Flávio Josefo e certas tradições cristãs a respeito deste homem. Para Flávio Josefo, ele foi cruel e não muito inteligente. Para os Evangelhos, ele percebeu a inocência de Jesus. Para uma corrente de tradição cristã, ele quase chega a ser "Santo Pilatos", forçado por outros a matar um inocente. Mel Gibson cai nesta tendência. Historicamente, é bem provável que Flávio Josefo tenha a razão. Pilatos foi mesmo cruel, mas foi cruel especialmente com Caifás e o povo judeu. Caifás manda para Pilatos um homem que ele próprio não pode matar sem ter problemas com o povo judeu. Pilatos não acha motivo de acusação (em grego, *aitios*) nesse homem, quer dizer, motivo para puni-lo. Caifás tem medo *daquele*? Pilatos, como padrinho de Caifás, está sendo crítico e depreciativo dele na sua maneira de negar a existência de *aitios*. E a placa "Rei dos Judeus" é a vingança de Pilatos. Não se trata somente de sua crueldade ou não crueldade para com Jesus, mas de sua crueldade para com o povo judeu e com o próprio apadrinhado dele, Caifás. Chega de "Santo Pilatos".

Tem mais. Gólgota não deveria ser um pico, mas um espaço elevado ao longo da estrada, para transeuntes verem os crucificados. O grito "Por que me abandonaste?" deve ser um grito mesmo e não o murmúrio que o ator de Gibson apresenta.

Resumindo: quem está com vontade de imaginar "como foi" precisa começar com uma rejeição total do filme de Gibson.

CONCLUINDO

Concluindo, Crossan acertou muito, arrumando informações valiosas. O seu repúdio ao filme é correto, e o filme tem ainda mais problemas do que ele apontou. Por outro lado, no coração do seu trabalho Crossan nem sequer mencionou o que seria "o poder da ressurreição". A omissão é grave e nos deixa, de novo, quase na estaca zero. Na estaca zero, mas agora com maior instrumental.

Um diálogo de vida e morte: discernindo o exegeta e o teólogo em John Dominic Crossan

Afonso Maria Ligorio Soares*

Por ocasião do lançamento nacional do filme *A Paixão de Cristo*, escrevi um pequeno artigo, a convite do jornal *Folha de S.Paulo*,[1] acerca do presumido antissemitismo que estaria embutido na película, sucesso mundial daquele momento, que arrecadara na estreia norte-americana cerca de 100 milhões de dólares.

O texto saiu visceral, pois eu acabara de assistir à sessão do filme para a imprensa, a convite, desta vez, do jornal O *Estado de S. Paulo*, e ainda me sentia aturdido com o impacto da violenta versão de Mel Gibson para o maior mito ocidental: o flagelo da vítima inocente. Naquelas condições, só pude responder negativamente à questão que me fora proposta – embora mantendo todo o respeito pela preocupação de personalidades como os rabinos Henry Sobel e Nilton Bonder, que viam sinais de fumaça no episódio e, como diz o povo, "onde há fumaça...".

Confessei na ocasião ter passado a maior parte do tempo me desviando dos jorros de sangue, sobressaltado com a extrema crueldade, relatada na tela com apurado naturalismo. O único alento do espectador era a certeza do final feliz, com a ressurreição do herói – aliás, uma cena de poucos segundos, de estranha delicadeza.

Passado o calor da emoção, milhões de dólares e de DVDs depois, continuo achando que, se houve alguma intenção antissemita no roteiro

---

* Autor de *No espírito do Abba:* fé, revelação e vivências plurais (São Paulo: Paulinas, 2008), leciona na Pontifícia Universidade Católica de São Paulo (PUC-SP) no Programa de Estudos Pós-graduados em Ciências da Religião. Preside a *Soter* (Sociedade de Teologia e Ciências da Religião) e é vice-presidente da *INSEcT* (International Network of Societies for Catholic Theology).

[1] SOARES, Afonso M. L. A Paixão segundo o "Evangibson" de Mel. *Folha de S.Paulo*, São Paulo, 20 mar. 2004, p. 3.

e na direção, ela simplesmente se perdeu naquilo que, para mim, é o real fio condutor da película: jogar-nos no rosto, com crueza e pitadas de terror, o tamanho da dor suportada pelo Filho de Deus para redimir nossos pecados.

Quanto à celeuma em torno do antissemitismo, não creio que tenha havido muita coisa além de uma engenhosa estratégia. Li em reportagens da época que, enquanto o filme ainda saía do *storyboard* e nem mesmo era levado a sério na mídia especializada, Gibson declarou em um programa popular de TV que garantia que sua obra nada tinha de antissemita. Foi a conta: se ele vem a público para garantir que não, então só pode ser porque sim. A mídia mordeu a isca e foi conferir. Se essa anedota for mesmo verídica, preciso tirar o chapéu para nosso eterno *Mad Max*.

Retomo a discussão de então porque fui novamente provocado, agora por John Dominic Crossan, de quem acompanhei algumas conferências na capital paulista, no final de 2007.[2] Ao recordá-las agora, provocado pela leitura dessas duas contribuições que o professor emérito da DePaul University ofereceu na Umesp – *The death of the historical Jesus* e *The resurrection of the historical Jesus* –, não pude deixar de inseri-las na moldura das recentes tentativas da teologia cristã de acomodar a pesquisa histórico-exegética às tradicionais formulações da dogmática ortodoxa. Daí a lembrança do *blockbuster* de Gibson e, por tabela, a memória de algumas aulas que consegui ter com Juan Luis Segundo em seus derradeiros meses de vida.

O filme será agora referência obrigatória nas "sessões da tarde" de vindouras quaresmas. E para quem está acostumado a "pensar em cristiano", na precisa expressão de J. L. Segundo, oferecerá uma ótima oportunidade para rever as narrativas da Paixão e seus interesses mais ou menos explícitos. Como bagagem extra, as reflexões de Crossan são um ingrediente perfeito para esta revisão de nosso mito fundacional.

Contudo, para quem não quiser ir diretamente a Crossan, poderá pavimentar o terreno com um estudo preliminar, para leitores incipientes, publicado na coleção "O que você não viu no filme", de Paulinas Editora. Trata-se de *A Paixão de Cristo segundo Mel Gibson: uma história*

---

[2] Numa delas, realizada na Pontifícia Faculdade de Teologia Nossa Senhora da Assunção, tive o privilégio de mediar a mesa que o recebeu para discutir o modo e a qualidade da crítica jesuana ao Império Romano e a todos os impérios que o sucederam.

bem contada? do biblista Walter Eduardo Lisboa.[3] Em um texto sucinto, bem-informado e didático, Lisboa oferece bons argumentos às críticas de que foi alvo a película redigida e dirigida pelo astro hollywoodiano, mostrando que, em suma, vemos ali mais a "paixão de Gibson" que a "Paixão de Cristo". Para tanto, o livro "indica os erros mais evidentes, pois estes podem alimentar concepções e sentimentos distantes da verdade histórica e da fé" (p. 22).

Diferentemente de minha opinião inicial, Lisboa e Crossan concordam com as personalidades judaicas quando reclamam que Gibson atiça alguns equívocos históricos que, no passado, legitimaram insanas perseguições ao povo judeu. Nunca é demais alertar a leitores e espectadores mais jovens que a estupidez de alguns que se diziam cristãos chegou a ponto de "esquecer" de que não só alguns inimigos, como também os amigos, familiares e o próprio Jesus eram judeus!

O guia de Lisboa convence-nos de que a "Paixão" de Gibson está pontilhada de erros e incongruências perceptíveis a qualquer estudante de teologia mais atento. Entretanto, admito que o diretor tenha a seu favor uma atenuante: nenhum cineasta, por mais cuidadoso, conseguiria contentar todos os entendidos nesse quesito. Aliás, por que o faria? Cinema é cinema.

O que de fato me incomodou naquela *Paixão*, e que salientei no citado artigo da *Folha de S.Paulo*, foi algo bem mais perigoso para todos nós, judeus e cristãos, crentes ou ateus: a insistência do cineasta na observância literal dos Evangelhos e a restrição do enredo às últimas horas de Jesus. Não julgo seu mérito artístico, mas já que Gibson também incluiu no *marketing* do filme sua opção católica e intenção missionária, é preciso salientar o viés fundamentalista dessa abordagem, que, como todo fundamentalismo, é sempre uma distorção: a pretensão de seguimento estrito do texto sagrado nunca deixa de ser uma seleção e interpretação (interessada) desse texto. Portanto, o nó da questão não estaria no presumido antissemitismo que busca confirmar na Bíblia suas teses racistas, mas numa leitura acrítica das Escrituras.

Acrítica, mas não inócua. Embora haja no filme passagens ternas (o jovem Jesus que brinca com a mãe, o encontro de Maria com a mulher de Pilatos), frases famosas, como o "amai vossos inimigos", e bons acha-

---

[3] LISBOA, Walter Eduardo. *A Paixão de Cristo segundo Mel Gibson;* uma história bem contada? São Paulo: Paulinas, 2005.

dos (a figura andrógina do tentador que acompanha Jesus até seu último suspiro, a Eucaristia que se cumpre na última ceia e no alto da cruz), o que fica mesmo é a brutalidade dos golpes e a longa sessão de tortura a que é submetido o profeta galileu.

A teologia subjacente a tais imagens, e que o diretor deve mais à vidente Anna Emmerich do que aos Evangelhos,[4] parece afirmar a grandeza de nossa salvação graças ao enorme flagelo impingido ao Nazareno. A quantidade de sangue derramado ratifica nossa redenção. O Cristo de Gibson não tem outra saída para consumar sua missão senão sofrer. E sofrer numa intensidade insuperável! Não erraria muito quem nele vislumbrasse o filho masoquista de um pai sádico.

Alguns colegas da academia – como, por exemplo, o filósofo e articulista da *Folha de S.Paulo* Luís Felipe Pondé – retrucaram na época que o positivo da abordagem de Gibson é rechaçar a imagem doceta de um Jesus não humano, imune às dores, angelical, monofisita. O realismo viria ao encontro da afirmação da humanidade de Jesus. Não vejo isso nesta *Paixão* gibsoniana e creio que a crítica de Crossan à película me dê razão. O flagelo a que é submetida a personagem central é tão intenso e despropositado que acaba tocando o docetismo pela outra extremidade – e, na pior das hipóteses, apresenta aos adolescentes uma nova versão dos games violentos, estilo *Resident Evil*, em que os heróis são brindados com "multividas".

No fundo, a concepção subjacente ao filme, para dizê-lo de uma vez, não é evangélica nem cristã. A mais antiga tradição sempre afirmou que é o amor a salvar. A dor pode ser preço, nunca meta. Ao escancarar o sofrimento, e não o cerne da pregação de Jesus (o Reinado de Deus e suas consequências para a humanidade), a película vende, cinematograficamente, uma imagem desequilibrada e quase patológica do Cristianismo. As possíveis conversões que alguns líderes religiosos mais incautos esperaram obter com a exibição do filme, se vierem, serão mais problema que solução.

Enfim, Gibson tem todo o direito de propor sua versão seletiva do assassinato de Jesus. Mas quando a apresenta como modelo de propagan-

---

[4] A mística alemã estigmatizada Anna Emmerich (1774-1824) ficou muito conhecida em círculos católicos de meados do século XX. Na onda do sucesso do filme de Gibson foi publicado no Brasil o livro de suas visões: EMMERICH, Anna. *Vida, paixão e glória do Cordeiro de Deus*; as meditações de Anna Emmerich. São Paulo: MIR, 2004.

UM DIÁLOGO DE VIDA E MORTE | 155

da católica, é preciso lançar mão de comentários críticos, como o citado estudo de Lisboa e as intervenções de Crossan, a fim de não embarcar-mos de novo em ondas fundamentalistas.

Bem, essa era minha opinião até cruzar com as ponderações de Crossan. Em que pontos ele me traz novas luzes ou me ajuda a matizar algumas afirmações? A primeira afirmação contundente de Crossan é que a leitura de Gibson, pior que literalista, é uma não leitura que de-turpa toda a dramatização construída na narrativa evangélica. E conclui de forma dura: "If one wants to dramatize the death of Jesus in play or film, first read the text and get the story right".

A segunda lembrança que me vem à mente ao ler Crossan são as perspicazes intuições do insigne teólogo jesuíta uruguaio Juan Luis Se-gundo (1925-1996). Ele dedicou o melhor de sua produção teológica à cristologia.[5] Rigorosamente atento ao estado da pesquisa do Jesus histó-rico até então, Segundo dedicou em seu *A história perdida e recuperada de Jesus de Nazaré* um espaço considerável a uma introdução metodoló-gica sobre a aproximação a Jesus, para depois focar "Jesus, antes e depois da Páscoa: a história perdida" e, em seguida, "Jesus no pensamento de Paulo: a história recuperada". O trabalho confluiu para uma conclusão que procurava enfrentar a seguinte questão: a história de Jesus perde seu interesse para não cristãos e ateus quando os cristãos chamam Jesus de *Deus*?

A produção de Crossan talvez seja, a seu modo e para o público do hemisfério Norte, uma das versões mais bem-sucedidas da questão levantada por Segundo a interlocutores daqui do hemisfério Sul. Os dois textos sobre os quais me propus esboçar este sucinto comentário resu-mem bem essa disposição de nosso autor: aliam o informado exegeta (sobretudo ao reconstruir a morte de Jesus), que derruba as pseudodra-matizações de Gibson e similares, ao – quem diria! – ponderado teólogo (principalmente ao contextualizar a fé na ressurreição), que priva da companhia de cristólogos como J. L. Segundo e A. T. Queiruga. Aliás,

---

[5] Seu extenso estudo em três volumes, intitulado *O homem de hoje diante de Jesus de Nazaré* (ed. bras.: São Paulo: Paulinas, 1985; original: 1982) – estudo este que Segundo considerava ser sua obra-prima –, foi, anos mais tarde, sintetizado e revisitado na obra *A história perdida e recuperada de Jesus de Nazaré; dos Sinóticos a Paulo* (São Paulo: Paulus, 1997). Nessa reelabo-ração, o acento foi posto na perda e recuperação (teológicas) dos elementos históricos da vida do Nazareno. Cf., para uma resenha competente desta significativa produção: ASSMANN, Hugo. Os ardis do amor em busca de sua eficácia: as reflexões de Juan Luis Segundo sobre *O homem de hoje diante de Jesus de Nazaré. Perspectiva Teológica* 36 (1983) 223-259.

156 | MORTE E RESSURREIÇÃO DE JESUS

os bons cristólogos atuais já aprenderam a levar muito em consideração o percurso científico de Crossan.[6]

MANDANDO A *PAIXÃO* DE GIBSON ÀS FAVAS

Sem entrar nos méritos cinematográficos de Gibson, seu Jesus é um *thriller* das últimas horas de um profeta judeu levado à crucificação. Incomodado com a ignorância de diretor e público sobre esta longa passagem dos Evangelhos, John Dominic Crossan uniu-se ao colega Marcus J. Borg para escrever o livro *A última semana: um relato detalhado dos dias finais de Jesus* (Nova Fronteira). Utilizaram como base de estudos o Evangelho segundo Marcos, por ser o mais representativo e por ser o primeiro a escrever sobre a crucificação.

A palestra oferecida na Umesp não deixa de ser um aperitivo a esse livro e a outros mais densos de nosso autor. O teor desse e daquela estão muito próximos da sensibilidade típica da teologia latino-americana, que há décadas insiste numa leitura libertadora dos dogmas cristológicos.

O Jesus que Crossan traz à tona é um pacifista radical e revolucionário perante o poderio romano e o poder sacerdotal da elite judaica. Autor acostumado a polêmicas, Crossan viu também seu livro sobre a semana derradeira de Jesus levantar protestos e questionamentos em jornais, revistas e blogs pelo mundo afora. Na internet não foi raro encontrar quem se perguntasse se o livro era uma ficção amparada em pesquisa histórica, ou uma versão histórica romanceada, ou nenhuma das duas.

Na conferência sobre a morte de Jesus apresentada na Umesp, Crossan destaca um problema que o incomodou desde a juventude: o papel da multidão "vira-casaca" nas narrativas da Paixão. Que enigma se esconderia nessa mudança de opinião do público que antes saúda Jesus com folhas de palma e, poucos dias depois, prefere livrar Barrabás e crucificar o Mestre?

O enigma persiste mesmo se consideramos o testemunho de Flávio Josefo e Tácito, concordes em quatro aspectos, pelo menos: houve, de fato, um tumulto significativo na Judeia; Pilatos executou seu líder; o movimento persistiu; e sua rápida difusão demonstra que as primeiras pessoas que Jesus atraiu continuaram ligadas a ele apesar de tudo.

---

[6] Vejam, por exemplo: QUEIRUGA, A. Torres. *Repensar a ressurreição*. São Paulo: Paulinas, 2004. HAIGHT, Roger. *Jesus símbolo de Deus*. São Paulo: Paulinas, 2003. *O futuro da cristologia*. São Paulo: Paulinas, 2008. Mas também é ignorado em Jon Sobrino: *Jesucristo liberador*. Madrid: Trotta, 1991. *A fé em Jesus Cristo*; ensaio a partir das vítimas. Petrópolis: Vozes, 1999.

A solução parece estar numa releitura atenta de Marcos. E aí fica claro – independentemente, por enquanto, da historicidade de tais episódios – que Jesus sabia muito bem o que tinha a demonstrar naquela (última) festa em Jerusalém (Mc 10,33-34). Tudo o que lá aconteceu foi aceito pelo Pai e por Jesus, embora não o desejassem.

Para Crossan, Marcos apresenta um Jesus que decide ir a Jerusalém precisamente porque "it was a *capital* city where *religion* and *violence*, where conservative religion and imperial oppression, had become serenely complicit". E ele quer deliberadamente demonstrar isso publicamente. "It was a protest from the legal and prophetic heart of Judaism against Jewish religious cooperation with Roman imperial control."

Para tanto, dois ritos de grande apelo simbólico são levados a cabo pelo profeta de Nazaré: a entrada antitriunfal que anunciava uma alternativa à lógica imperial (à luz de Zc 9,9-10) e a purificação (= destruição simbólica) do templo (à luz de Jr 7). Mas isso não significa, pura e simplesmente, que Jesus estivesse se oferecendo como vítima a ser executada e assim cumprir o que certamente conhecia de Is 52-53. Menos ainda: não estamos numa arena de marionetes a serviço do Pai Altíssimo (o que poderia ser uma saída para entender a multidão que acolhe o Filho num dia e o joga na cruz logo depois: o sangue redentor precisava ser derramado a qualquer custo!).

A saída que Crossan encontra no relato marcano (15,6-9) – deixando de lado a questão da historicidade – é tão óbvia (depois de explicada) que custa crer que ainda não tenha sido dramatizada no cinemão *blockbuster*. É costume notório a anistia pascal e as pessoas sabem que, se organizadas previamente, conseguirão obter a libertação de um de seus rebeldes preferidos. Portanto, um grupo de militantes vai à audiência de Pilatos decidido a livrar Barrabás e, talvez, somente no calor da audiência tenham tomado conhecimento do outro profeta oferecido para a troca. Não se trata, em Marcos, de um confronto Jesus (cristãos) *versus* Barrabás (judeus) – como parece ser o caso na versão joânica. Mas isso não impediria, penso eu, que tivéssemos aqui a intenção de dramatizar dois modelos alternativos de salvação messiânica: o "pacifismo" jesuânico e a urgência armada dos *barrabases*.[7]

---

[7] No entanto, se a historicidade ficar em segundo plano e a referência marcana puder ser compartilhada com outras "desleituras" (como gosta de dizer Harold Bloom), não deixa de ser muito instigante a sugestão hermenêutica que vem do rabino Nilton Bonder, que confronta dois "judaísmos" possíveis na escolha entre Jesus (o que salva a tradição quando a trai) e Barrabás (etimologicamente: bar-ar-abas = filho de um pai = seguidor estrito da tradição paterna). Cf.: BONDER, N. *A alma imoral;* traição e tradição através dos tempos. Rio de Janeiro: Rocco, 1998.

158 | MORTE E RESSURREIÇÃO DE JESUS

Outro golpe desferido por Crossan contra o fundamentalismo fílmico de Gibson é seu esclarecimento quanto ao significado do pretendido sacrifício de Jesus na cruz. É fato que a teologia contemporânea se esmerou em criticar e derrubar a secular teoria da satisfação vicária, cujo defensor mais famoso foi Santo Anselmo em *Cur Deus homo?* Nesse sentido, a teologia da libertação acompanhou sem problemas os principais teólogos liberais europeus quando viram no deus anselmiano um incrível padrasto sádico indigno do querigma cristão original, que diz que Deus é amor!

Crossan sugere uma oportuna distinção entre *sacrifice, substitution* e *suffering*. O erro comum, esclarece Crossan, está em presumir que o Novo Testamento, quando fala do sacrifício de Jesus, sempre inclua nele, implicitamente, as outras duas noções. A noção de sacrifício conjuga dom e alimento: aquilo que é oferecido a Deus (dom) é devolvido a quem ofereceu (como alimento sagrado). Este é, no fundo, o roteiro da celebração eucarística ou festa (missa) de ação de graças cristã, com evidentes sincretismos interculturais facilmente identificáveis.

Como lembra Crossan, o decisivo nesses rituais nunca é o sofrimento do animal/planta imolado; o sacrifício não aumenta seu valor se a oferenda passar por uma intensidade maior de dor ou desespero. Nem muito menos, contra Santo Anselmo, se trata de colocar um animal no nosso lugar para pagar por aquilo que deveríamos ser nós a pagar. O raciocínio é exatamente o contrário, explica Crossan: embora toda vida seja sagrada, alguém pode sacrificar a sua em favor de outrem. Dar a vida por alguém é sagrado na medida em que o fazemos gratuita e deliberadamente e só nesse sentido é correto dizer que Jesus se sacrificou por nós. O valor de seu gesto não está no muito que sofreu ou no fato de ter morrido em nosso lugar.[8]

A implicação de Crossan contra a noção de sacrifício se explica na ênfase com que encerra sua fala. A dramatização joânica (Jo 18,36) do confronto final entre Pilatos e Jesus evidencia que o que está em jogo é a qualidade do Reino que virá. O Reino de Deus condena todos os impérios e Pilatos "deste mundo" não para substituí-los por paisagens celestiais ou alternativas de existência pós-morte. A única e crucial diferença

---

[8] Como diz Crossan, "substitutionary atonement is as bad Christian theology in theory as suicidal terrorism is bad Islamic theology in practice. Jesus died *because* of our sins or *from* our sins but that should never be misread as *for* our sins. In Jesus the radicality of God became incarnate and the normalcy of civilization's brutal violence (our sins or, better, Our Sin) executed him".

entre o Reino de Deus e o reino de Roma é a não violência de Jesus e a violência padrão representada por Pilatos/Roma.

Para Crossan, o mais importante intérprete de Jesus em todo o Novo Testamento é Pilatos, por reconhecer claramente a diferença entre o violento Barrabás e Jesus, o revolucionário não violento. O que eu me pergunto, no entanto, é se Pilatos não teria pretendido manipular esse profeta pacifista em prol do Império. Ou ainda: se, ao resolver matá-lo assim mesmo, não estaria Pilatos percebendo que o perigo potencial de Jesus era bem maior que o de Barrabás. Aliás, como o próprio Crossan salienta em inúmeras passagens de seu *Jesus, uma biografia revolucionária*,[9] a pregação e a prática vividas e suscitadas por Jesus implodem a base de sustentação imperial.

Crossan enfatiza, no entanto – e creio vislumbrar aqui uma provável estocada contra certos desdobramentos da teologia da libertação –, que, para Jesus, além da crítica à injustiça instaurada pelo Império, é vital criticar as falsas saídas violentas – que, de fato, não nos levam a "sair" dos sistemas imperiais. Ou seja: a injustiça é consequência da violência; violências impetradas por diferentes atores sociais não gerarão justiça, mas apenas outras modalidades de injustiça. "Este mundo", enfim.

A REALIDADE EXPRESSA EM METÁFORAS: A RESSURREIÇÃO DO JESUS HISTÓRICO

A mudança cultural sofrida pelo Ocidente respingou na religião e na apreensão de seus textos fundadores a ponto de liquidar a leitura literal desses textos. Isso forçou um repensamento da própria noção de revelação e de dogma, gerando uma onda irresistível de reformulações dogmáticas – nem todas, é verdade, já assimiladas.

A fé na ressurreição é uma dessas reformulações em pleno andamento na experiência das comunidades cristãs e nos ensaios de seus teólogos. De fato, na medida em que a catarata fundamentalista vai sendo extirpada de nossas leituras bíblicas, vai ficando evidente, por exemplo, que a maneira como relatos neotestamentários narram experiências de encontro com o Senhor Ressuscitado tem, em sua inegável pluralidade, ao menos um ponto em comum: todos, atores e redatores, parecem estar tão atônitos naquele tempo quanto nós hoje ao encarar semelhante

---

[9] CROSSAN, J. D. *Jesus, uma biografia revolucionária*. Rio de Janeiro: Imago, 1995. Veja no índice analítico a quantidade de referências à associação entre Jesus e igualitarismo: p. 213.

160 | MORTE E RESSURREIÇÃO DE JESUS

"novidade". E já faz tempo que a cristologia desistiu de bater de frente com as objeções do paradigma moderno a uma admissão da ressurreição como fato puro e simples.

Por isso, em sua segunda conferência, ao destacar o significado da ressurreição de Jesus, Crossan cumpre o papel da cristologia fundamental, jogando uma luz interessante sobre o sentido da vida e da morte do Crucificado, e sugere uma oportuna revisão da teologia dogmática.

Aludindo a parábolas extremamente instigantes como a de Emaús (Lc 24,13-32) e a do bom samaritano (Lc 10,25-37), Crossan propõe seu princípio de leitura: sejam esses episódios historicamente comprováveis ou não, o decisivo é discutir seu significado – o que querem dizer para mim? Fato histórico ou não, é elucidativo que o casal de Emaús somente tenha se dado conta de que o forasteiro era Jesus Ressuscitado quando, decidido a partilhar com ele seu lar e sua comida, criou a ocasião para que ele partisse o pão à mesa. Ou – para citar novamente o livro *Jesus, uma biografia revolucionária* – em casos como o de Emaús, o que importa é que se trata de "dramatizações de poder e visualizações de autoridade".[10]

Também é sugestivo o modo como os judeus chegam à esperança da ressurreição. É improvável que não tivessem notícia da ideia de imortalidade admitida pelos povos vizinhos, mas parece, conforme Crossan, que a sensibilidade judaica considerava tal ideia uma usurpação dos direitos e privilégios exclusivos de seu Deus e bem por isso sua fé consistia em não acreditar em vida após a morte. E só mudaram de opinião quando a experiência do martírio, à época de Antíoco IV Epífanes, forçou que fosse levantada uma dura queixa a Deus: "Where was the justice of God for the tortured and brutalized *bodies* of martyrs?".

Como bem mostra Crossan, as próprias narrativas que recordam o martírio de Eleazar e o da mãe com sete filhos passam de uma justificação da morte na tradição socrática de o nobre morrer para a concepção de uma expiação vicária do Servo Sofredor que, evidentemente, prepara a maneira como Jesus ou seus discípulos entenderão a Paixão e morte do Mestre. A essa altura, infere o conferencista, embora permaneça a consciência da impossibilidade física da ressurreição, o que está em jogo não é nossa sobrevivência terrena, mas a justiça de Deus. Os que foram torturados e massacrados por fidelidade a Deus clamam por uma justa reparação ou restauração.

---

[10] Ibid., p. 179.

"Bodily resurrection was part and parcel of a justified earth, was the final act and *grand finale* of God's public vindication of murdered martyrs and, by extension, of all persecuted innocents", conclui Crossan. E, desse modo, põe na mesa a sua hermenêutica da ressurreição de Jesus.

Bastante sintonizado com essa linha de raciocínio está Andrés Torres Queiruga, para quem

> dois aspectos, em especial, tiveram uma enorme força de revelação e convicção. Em primeiro lugar, a consciência do caráter "escatológico" da missão de Jesus, que adiantava e sintetizava em sua pessoa a presença definitiva da salvação de Deus na história: seu destino tinha o caráter do único e definitivo. Em estreita dialética com ele, está, em segundo lugar, o fato terrível da crucificação, que parecia anular essa presença. A duríssima "experiência de contraste" entre, de um lado, a proposta de Jesus, garantida por sua bondade, sua pregação e sua conduta, e, de outro, seu incompreensível final na *mors turpissima crucis*, constituía uma "dissonância cognoscitiva" de tamanha magnitude que só com a fé na ressurreição podia ser superada (um processo que, a sua maneira, o caso dos Macabeus já antecipara).[1]

Afinado com a cristologia contemporânea, Crossan também descarta a identificação de ressurreição com ressuscitação de cadáver, aparição de mortos, ou exaltação corporal (no estilo Enoque ou Elias). Na cultura judaica de então, "ressurreição" só poderia significar um evento real para todos.

No entanto, mesmo admitindo a realidade da experiência, não nos dispensamos de uma maior elucidação conceitual. A mudança em nossa visão de mundo, agora reconhecido no funcionamento autônomo de suas leis, obriga-nos a uma releitura dos dados. Citando mais uma vez um exemplo de Queiruga, se o relato da Ascensão fosse hoje tomado ao pé da letra, seria simplesmente absurdo. Por isso "a cristologia moderna não busca o peculiar de Jesus em seu isolamento sobrenaturalista, mas em sua plena realização do humano: a cristologia como realização plena da antropologia, a divindade *na* humanidade",[2] restituindo à ressurreição seu *caráter transcendente* e incompatível com dados ou cenas empíricos.

A ressurreição de Jesus sinaliza a ressurreição universal, assim como argumenta Paulo em 1Cor 15. Mais: são a tal ponto interdependentes a ressurreição universal e a ressurreição de Jesus que não se pode ver na res-

---

[1]   QUEIRUGA, *Repensar a ressurreição*, p. 266.
[2]   Ibid., p. 268.

162 | Morte e ressurreição de Jesus

surreição do Nazareno nenhum privilégio especial (não existe "filiotismo ou nepotismo divino", ironiza Crossan). Essa é também a principal continuidade entre o Jesus que diz ser iminente o Reinado de Deus e o apóstolo Paulo que afirma já estar em andamento a ressurreição universal.

Mas como os primeiros cristãos teriam conseguido seduzir seu público para essa fé tão improvável e nada "evidente" (excluídas, é claro, as chances de alguma experiência "sobrenatural" a respeito)? A resposta de Crossan se afina com o que propuseram teólogos dogmáticos como Andrés Torres Queiruga (maiêutica histórica) e Juan Luis Segundo (processo da dêutero-aprendizagem),[3] quando esses explicam – da forma mais sensata possível – o que vem a ser o acontecendo daquilo que os cristãos chamam de "revelação divina":

> Uma pregação reiterada de um Paulo sedutor, falando do Deus da criação e de um Jesus que se opunha à lógica imperial, que partilha a vida e o trabalho com um pequeno grupo de populares, que uma vez por semana se reúnem para uma ceia em comum, partilhando a comida do jeito que seu Mestre gostava de fazer, estendendo o convite a outros colegas, e mostrando como já viviam de um jeito diferente aqueles que tinham deixado o divino César e se colocado no seguimento do divino Jesus.

Daí para uma convocação geral de todos os "gentios" foi apenas um passo.

Crossan faz duas inferências acerca da ressurreição. De um lado, embora Jesus tivesse ressuscitado sozinho, em breve se esperava que os demais cristãos se reuniriam com ele se permanecessem fiéis testemunhas até o fim. De outro lado, tanto ontem como hoje permanece delicado estabelecer até que ponto a metáfora da ressurreição do corpo contempla algo de literal. Ao menor descuido, corremos o risco de voltar a interpretar a ressurreição – e as aparições do Ressuscitado – como "milagre", e isso também se pressupõe algo contraditório: experimentar *empiricamente* uma realidade *transcendente*.

No entanto, e nisso não há como discordar de nosso autor, a metáfora é sempre uma analogia com base em algo real. Neste caso, embora a ressurreição de Jesus possa ser acolhida como metáfora, a realidade por ela simbolizada tem de ser real ou não será relevante. A vitória de Deus

---

[3] Cf. Id. *Repensar la revelación*: la revelación divina en la realización humana. Madrid: Trotta, 2008; SEGUNDO, J.L., *O homem de hoje diante de Jesus de Nazaré*. Analiso suas perspectivas em: SOARES, A. M. L. *Interfaces da revelação*. São Paulo: Paulinas, 2003.

sobre a lógica deste mundo tem de ser algo concretizado e concretizável histórica e literalmente. Se tal não acontece – e aqui a lógica de Crossan não faz concessões –, então nem Cristo ressuscitou. "That corporate resurrection is the strongest argument for the metaphorical understanding of resurrection."

Todavia, esse vínculo recíproco admitido por Crossan entre o que quer que tenha sido a ressurreição de Jesus e o advento do apocalipse para os cristãos poderia ser traduzido – teologicamente – pelo que Andrés Torres Queiruga chamou de "recuperação da experiência da ressurreição".[4] De um lado, os cristãos assumem que a morte na cruz não foi o último capítulo, pois, apesar de tudo, Jesus continua vivo, em pessoa, presente e atuante na comunidade cristã na história humana; de outro lado, o destino de Jesus ilumina o nosso, de sorte que "em sua ressurreição Deus se revela de maneira plena e definitiva como 'o Deus dos vivos', que, como fez com Jesus, ressuscita todos os mortos". Consequentemente, conclui Queiruga, "a ressurreição exige e possibilita um estilo específico de vida que, marcada pelo seguimento de Jesus, já é 'vida eterna'".

Crossan interrompe sua reflexão sobre a ressurreição no limite do que podia avançar. De fato, para alguém que não costuma se apresentar em público como teólogo, me surpreende que tenha ido tão longe. Sua perspectiva de abordagem da ressurreição sublinha uma continuidade de fundo com a pregação do Crucificado, tão fascinante para seus discípulos que estes creram não ser possível que a morte tragasse aquele sonho impossível.[5]

Mas o limite que Crossan se autoimpõe e a negativa da ressurreição de Jesus que ele deixa engatilhada não precisam ter o epílogo previsível. A fé inabalável dos antigos hebreus e sua invenção da esperança podem ter a última palavra. O Deus hebraico, de modo insondável aos olhos humanos, pode estar, como sempre esteve, ao lado das vítimas contra a opressão injusta; basta "dar-se conta" dessa presença. Nada impede que a fé cristã, herdeira da teimosia judaica, leia na ressurreição um discreto sopro revelador: em Jesus se revelou em plenitude definitiva aquilo que Deus estava sendo desde sempre: o "Deus dos vivos". Em outras

---

[4] QUEIRUGA, *Repensar a ressurreição*, p. 264. Ver também: Recuperar la experiencia de la resurrección. *Sal Terrae* 70 (1982) 196-208.

[5] Em termos secundianos, a fé antropológica incoativa dos discípulos coincidiu com a fé religiosa explicitada pelo profeta Jesus. Ver: SEGUNDO, *A história perdida e recuperada de Jesus de Nazaré*.

palavras: Jesus não é o primogênito cronológico dos ressuscitados, mas aquele que torna evidente, aos olhos da fé, o que, desde Adão, vem sendo a destinação escatológica de toda a humanidade, quiçá de toda a criação. Seria esse um possível sentido teológico da *pericorese* proclamada por Paulo entre a ressurreição de Cristo e a nossa: se ele não ressuscitou, tampouco nós; se nós não, tampouco ele (cf. 1Cor 15,12-14).

A TORTURA DO MITO:
DOS DETALHES À PERDA DE SENTIDO

PAULO AUGUSTO DE SOUZA NOGUEIRA*

> "Um significado essencial produz uma beleza ainda maior se é manifestado sem ser explicitado diretamente."
> Anandavardhana, dhvanyaloka, 4,5

> "When does the sustained depiction of a sadistic action become itself obscene or pornographic?"
> John Dominic Crossan

O filme de Mel Gibson *A Paixão de Cristo* é superlativo, como bem aponta Crossan, seja em sua concepção geral – de apresentação de duas horas de violência brutal contra Jesus –, seja em detalhes bem planejados – como no tamanho da multidão que pede sua execução e da multidão que acompanha sua *via crucis*. Tudo é apresentado com detalhes crus, realistas, "históricos", que chocam o espectador comum, criando nele reações que vão do horror à compaixão e agradecimento piedoso ao salvador. Algumas cenas se apresentam mais realistas, chegando aos limites da descrição: refiro-me ao flagelamento de Jesus pelos romanos. A cena, que tem uma duração considerável no todo da narrativa, pretende como que esgotar o sentido do sofrimento do Cristo de modo exemplar. Para criar tal efeito de realidade, os soldados romanos são apresentados como brutamontes uniformizados, bêbados ferozes que pretendem executar com ardor sua tarefa de espancamento do pretenso messias.

O filme cria gradações nesse processo de espancamento: enfoca inicialmente a escolha das armas e instrumentos de tortura e depois a sua substituição por outras mais cortantes e dilacerantes. Os cortes e o

---

* Doutor em Teologia pela Universidade de Heidelberg, é especialista em História e Literatura do Cristianismo Primitivo. Atua como docente e pesquisador na pós-graduação em Ciências da Religião e na Faculdade de Teologia da Universidade Metodista de São Paulo, em São Bernardo do Campo. Coordena um grupo de pesquisa sobre apocalíptica judaica e cristã primitiva.

166 | MORTE E RESSURREIÇÃO DE JESUS

sangramento são relatados plasticamente e com certa euforia narrativa. Jesus resiste heroicamente ao sofrimento superlativo que lhe é imposto por meio do fato que, mudo, ele se levanta novamente para receber novos suplícios. Isso contrasta com as reações dos soldados, que inicialmente se divertem com a tarefa a ser realizada e que, por fim, se desesperam por não conseguir infringir dor e pedidos de clemência do messias resignado. Os gritos e os atos de indisciplina dos soldados são, assim, contrastados com a postura resignada, obediente e silenciosa do Cristo. Os mais atrozes suplícios romanos não são capazes de dissuadir Jesus de sua missão: sofrer em detalhes todas as dores como pagamento pelo pecado de outros, como exige seu pai, a quem ele clama – em vão – por ajuda durante o suplício.

Enquanto Jesus apanha violentamente, os sacerdotes, as mulheres e um ser sinistro que rodeia a cena reagem de formas distintas. Os sacerdotes se retiram, irritados com a resignação de Jesus, como que também saindo de cena, buscando se esquivar por um pouco de suas responsabilidades. As mulheres sofrem com ele. Choram, limpam o sangue, se contorcem a cada golpe recebido por ele. Já o ser sinistro (um diabo? o tentador?) rodeia, olha de forma maliciosa, questiona em silêncio, insinua, ri de canto de boca. São três posturas exemplares: esquivar-se, compadecer-se e desafiar. E nós? Somos capazes de pedir a ele que se defenda e que diga que sua prisão e tortura não passam de um engano? Ousaríamos dizer que é no nosso lugar que ele sofre? Choramos com ele indignados com o sofrimento daquele que só fez bem aos miseráveis e oprimidos que encontrou pelo caminho? Ou nos calamos, circunspectos, observando cada instrumento de tortura, cada chaga aberta, o sangue que mancha o chão, e perguntamos a nós mesmos: como ele pode, que tipo de entrega é esta que vai até o limite do insuportável? Conduzidos pelas câmeras, somos transformados no quarto grupo de observadores, um grupo ambíguo, que talvez seja uma síntese dos três primeiros.

Mas há também algo de *voyeur* nesta contemplação do espancamento do Cristo em tempo real. Praticamos um olhar demorado, detalhado, conivente de espectadores, o que sugere uma hermenêutica, uma relação com sua história e com seu significado para nós. Se nos Evangelhos encontramos poucos versos sobre sua tortura, aqui encontramos uma descrição detalhada que choca, impressiona e... diverte? Todas as peças concorrem para esta reação ambígua e, de certa forma, desconfortável.

A cultura popular também venera as imagens do Jesus que sofre, do Homem de Dores. Os instrumentos do seu suplício nos são apresenta-

A TORTURA DO MITO | 167

dos, sugerindo a quem os contempla (e neles medita!) que complete esses significantes com os significados plásticos e profundos. Muita dor, muito sofrimento – grande amor, grande salvação. Nesse sentido Gibson não inventa um novo gênero, uma forma de relação com as dores e chagas do Cristo, apenas as torna mais reais, narrando em tempo real, poupando-nos a tarefa de meditar nelas por serem mais visualizadas. O filme como que digere o sofrimento por nós, preenche as lacunas da imaginação com o hiper-realismo das imagens violentas. Isso tem a ver com a mídia usada (a tela grande, imagem e som digitais) e com a ideologia adotada. Aquilo que não poderíamos imaginar, por falta de coragem, por decoro, por respeito reverente ao Cristo, o filme completa para nós. Os instrumentos, as feridas, as risadas ímpias, o latim vulgar, está tudo lá para nossa piedade e entretenimento. Talvez mais para o último do que para a primeira.

Perde-se o foco quando se pergunta exclusivamente pelo caráter antissemita do filme. E de fato ele se expressa assim. Mas nesta cena não sentimos empatia por judeus ou romanos (que, aliás, pronunciam o latim de forma bem italiana). E temo que tampouco sintamos empatia por Jesus. Se fosse este o caso, nós não suportaríamos a longa cena de tortura. Se amamos a Jesus e nos relacionamos com ele piedosamente na oração, rejeitaríamos, protestando, a contemplação de entretenimento de sua tortura (e pensar que em DVD podemos assistir à cena repetidas vezes deitados em nossos sofás!), assim como rejeitaríamos ver cenas de maus-tratos de pessoas queridas e próximas a nós. Ou seja: o filme nos provoca um distanciamento de Jesus que o torna irreconhecível. E torná-lo reconhecível para nós como Evangelho de salvação é o objetivo de toda a narrativa dos Evangelhos.

Podemos afirmar que a exposição e a banalização da imagem de Jesus n'*A Paixão de Cristo* de Gibson são incompatíveis com a grande narrativa do messias injustamente assassinado, do deus que morre e que ressuscita por nós. A elegância da narrativa dos Evangelhos, com sua discrição, com as citações da Escritura, nos permite completar, no papel de leitores, o sentido da ação que nos salva e nos transforma. Mas a que papel nos relega o filme de Gibson? Que tipo de compromisso com o Evangelho, com o sofrimento exemplar do Cristo e com os sofrimentos do mundo nós assumimos no papel de espectadores? Neste filme percebemos o quanto a estética, a delicadeza da narrativa e a discrição respeitosa não são apenas detalhes no trato com a imagem do sagrado e de nossa relação com ele, são verdadeiros valores hermenêuticos.

Impresso na gráfica da
Pia Sociedade Filhas de São Paulo
Via Raposo Tavares, km 19,145
05577-300 - São Paulo, SP - Brasil - 2018